自然エネルギーが地球を救う

「脱原発」への現実的シナリオ

足利大学理事長
日本風力エネルギー学会創設者

牛山 泉［著］

Forest Books

はじめに

神よ、変えられないことは、そのまま受け入れる平静さを、
変えられることは、それを実行する勇気と、そして
それらを見分けるための智慧を、どうぞ私にお与えください。

ラインホールド・ニーバー

宗教や人種を超えて、多くの人々の心の琴線に触れ、全世界に広まった、この「ニーバーの祈り」は、かつて国連の名事務総長とうたわれたダグ・ハマーショルドが国連の執務室に掲げていたことでも知られている。この祈りは、人智の及ぶことと及ばないこととを見分ける賢明さに通じよう。

日本が一九七三年と七八年の二度にわたる石油危機を乗り越えた直後に、米国ハーバード大学の社会学者エズラ・ヴォーゲルが『ジャパン・アズ・ナンバーワン』を書いて世界的なベストセラーになったのは一九七九年であった。ドイツと並んで、戦後日本の経済成長には目覚ましいものがあった。資源も何もない国でありながら、物質的な豊かさを当たり前のように享受できるようになった。しかし、科学技術があれば何でもできると過信し、大切な自然環境から、一方的に収奪利用するという考えに染まり、日本は水俣病やイタイイタイ病、さらには四日市喘息など公害問題の先進国になってしまった。そして八〇年代半ばには、バブルと呼ばれるまさに狂乱の時代が到来した。やがて、このバブル景気は崩壊し、その後リーマンショックを契機とする世界的な金融危機に巻き込まれた。追い打ちをかけるように、二〇一一年には東日本大震災が、そして福島の原発事故が起こった。大震災から八年が経過したが、一万九千人もの犠牲者を生み、いまだに故郷に戻れない人も多く、すでに避難先に定住した人も多い。東京電力福島第一原子力発電所の事故は、日本列島に暮らす者にとって生き方を考えることを求めるものであった。震災直後に多くの人々の怒りを買ったのは、専門家と称する人々の「想定外」という言葉であった。

そこには「人間がすべてを制御できる」という専門家の傲慢な思いが感じられたからである。自然に対しては本来想定などできるはずがないのであり、人間は自然の中にある小さな存在であるという謙虚さが必要なのである。

日本の明治以降の「富国強兵」路線は、一九四五年八月十五日の太平洋戦争の敗戦をもって、特にナガサキ、ヒロシマの原爆によって潰え去ったのが第一の敗戦であった。神州不滅ではなかったのである。そして、その後の日本は、原子力の「平和利用」をエネルギー政策の根幹とする「経済成長至上主義」の道をひた走って、その道は東日本大震災（二〇一一年三月十一日）で第二の敗戦の日を迎えたといえる。

リオデジャネイロで開かれた一九九一年の地球環境サミットで、日系カナダ人の十二歳の少女、セヴァン・カリス・スズキのスピーチは各国代表や報道関係者に強い衝撃と感動を与えたことで知られている。

「どうやって直すのか分からないものを、壊し続けるのはもうやめてください。どうやって処理するのか分からないものを造り、使い続けるのはもうやめてください。」この叫びのとおりである。

「がんばろう日本」で今までの道を歩み続けたら、確実に第三の敗戦の日を迎えることになるであろう。頑張る前に、第二の敗戦の反省の上に立って「神との和解、自然との和解」による「再生可能な自然エネルギーを軸とする、日本の新たな長期計画」を立てることが必要なのである。「考え直そう日本」である。

「この世と調子を合わせてはいけません。むしろ、心を新たにすることで、自分を変えていただきなさい。そうすれば、神のみこころは何か、すなわち、何が良いことで、神に喜ばれ、完全であるかのを見分けるようになります。」（新約聖書・ローマ人への手紙12章2節）

本書の前半は、月刊「いのちのことば」誌に連載されたエッセー「自然エネルギーが地球を救う」をまとめたものであり、後半は、具体的に自然エネルギーを使い、自然エネルギーを軸とする社会を作っていくためには、どうすべきかについて共に考えたいと願って書き加えた。

日本が日清戦争（一八九四〜九五）、日露戦争（一九〇四〜〇五）に勝って、軍事大国路線に舵を切りつつあったとき、内村鑑三が一九一一年十月に東京新宿の今井館で行った講演が「デンマルク国の話」であった。その講演の最後で、彼は「外に拡がらんとするより、内なる無限を求めよ」と述べている。そのちょうど百年後の二〇一一年に東日本大震災が起き、福島第一原発の事故が起きたことは、偶然ではなく、神の再度の警告である。エネルギーを外に求めるのではなく、自然エネルギー大国である日本の、太陽を、風を、水を、地熱を、バイオマスを、海洋エネルギーを開発しなさいということなのである。

二〇一八年十月、洋上風力発電の講演会において、フレディ・スヴェイネ駐日デンマーク大使は挨拶の中で「デンマークは原発は導入しておりませんし、二〇五〇年までに化石燃料からの脱却を目指しており、二〇一八年現在デンマークは電力の40％を自然エネルギーで賄っております」と述べている。

私も講演の折に、「将来のエネルギーはどうなるんですか？」という質問を受けることが多い。これに対し、私は「あなたはどうしたいのですか」と逆に問い返している。未来は予測するものではなく、自ら創り出していくものなのだ。こうして持続可能な社会に近づいていくのである。こんな趣旨がこの本には込められている。

目次

1　東日本大震災以後のエネルギー問題

二〇一一年三月十一日の東日本大震災による福島第一原発の事故で、原子力に依存するエネルギー体系の脆弱性《ぜいじゃくせい》と危険性に直面してから、私たちは新しいエネルギー体系構築の岐路にいる。

旧約聖書の創世記1章28節に、「神は彼らに仰せられた。『生めよ。増えよ。地に満ちよ。地を従えよ。海の魚、空の鳥、地を這うすべての生き物を支配せよ。』」とあるが、人間にとって、とりわけ神を信じる者たちにとって、有限な地球のエネルギーを消費し尽くしてしまうのではなく、再生可能な形で活用し、いのちを大切にする持続可能な社会を構築していくことが求められている。

二〇一八年七月に政府は二〇三〇年度の電源構成であるエネルギーミックスを発表し

た。これは火力発電で56％、再生可能エネルギーを22～24％、原子力発電を20～22％というものである。太陽光や風力など自然エネルギーが基幹電源となるビジョンを示しているが、わが国の自然エネルギーのポテンシャルや諸外国の状況を見ても、さらなる導入が可能である。一方、原発依存度を20％以上に維持するということは、四十年という運転期間を超えて、六十年まで運転するか、新規の増設を想定しなければありえないはずであり、脱原発を願う多くの国民の声に逆行することになる。

自然エネルギーの内訳は、水力8・8～9・2％、太陽光7％、バイオマス3・7～4・6％、風力1・7％、地熱1・0～1・1％としており、コスト的にも量的にも主流となりうる風力を僅か1・7％（1000万kW＝キロワット）に抑えてしまっており、これは既設分と現在進行中の開発案件を合わせた量にとどまる低い水準にすぎない。昨年の夏は例年にない猛暑日が続いたが、電力不足の声は聞こえてこなかった。これは節電効果に加えて、固定価格買い取り制度により太陽光発電の導入が進み、電気の安定供給に一定の役割を果たしたからでもある。

わが国は自然環境に恵まれている。日射量は多く、風力の潜在量も大きい。地熱発電の潜在量は世界第三位である。これら自然の資源を生かす工業力もある。わずか4％に過ぎないエネルギー自給率を30％程度には十分高めうるのである。欧米の先進的な国や地域では、電源構成のうち自然エネルギーは40％以上という数値目標が常識である。エネルギー源のほとんどを海外からの輸入に依存する日本にとって、純国産のエネルギーである自然エネルギーの導入拡大は、自給率を上げ、エネルギーの安全保障にも貢献することになる。また、二酸化炭素の排出がゼロであることは、地球温暖化対策にも有効である。自然エネルギーの欠点とされる天候による変動も、スペインのように気象予測を出力制御と連動させ、電力会社間の連系線を拡大強化することによって日本でも自然エネルギーはもっと大量に効率よく取り入れられるはずである。

自然エネルギーの導入拡大によりエネルギーの「地産地消」を進めれば、バランスの取れた賢くエネルギーを使う社会が実現し、競争原理と量産化でコストも下がり経済にもよい循環をもたらす。それぞれの地域が、そのエリアに賦存する自然エネルギーを生かすことによる「地産地消」のエネルギーシステム開発は、自治体が主体的に進めるべきである。かつて、大気汚染など公害問題が顕在化したときには、国より先に自治体が規制を行ったが、歴史的にも環境行政は地域主体のものであり、市町村レベルでの自然エネルギー導入拡大が期待できる。それぞれの地域が、その地域の特徴に沿った発電方法を選ぶことで、エネルギー改革が進むことになろう。

筆者の経験では、強風に悩まされていた山形県立川町（現庄内町）で、町営風力発電を導入することにより「悩みの風を恵みの風」に変えるお手伝いをしたことがあり、NHKの番組「プロジェクトX」でも取り上げられたが、地方創生などと大上段に振りかぶらずとも、地域の課題を解決していくときに結果として地域は活性化するわけである。

「さまざまな道に立って、眺めよ。昔からの道に問いかけてみよ　どれが、幸いに至る道か、と。その道を歩み、魂に安らぎを得よ。」（旧約聖書・エレミヤ書6・16〈新共同訳〉）

今、日本の将来のエネルギー選択という重大な問題に直面して、われわれ日本人に、特にキリスト教徒に求められていることは、神の勧めに従って「さまざまな道に立って」考えることである。原発に代わるさまざまな代替エネルギーの可能性を視野に入れながら、どれが神の創造にかなっているのか、どの道が人間と自然の双方にとって「幸いに至る道」なのかを真剣に検討していくことなのである。

原発再稼働は必要か

世界十二億のカトリック信者を束ねるフランシスコ教皇は、弱者に寄り添う「民衆の教皇」と呼ばれ、プロテスタントの国である米国訪問（二〇一五年九月）でも熱狂的な歓迎を受けた。キューバと米国の歴史的な国交回復の仲介をし、信仰のみならず、難民や移民の問題、軍備や核廃絶など社会問題についても前向きな言葉で語っている。

二〇一五年三月には、バチカンを公式訪問した日本司教団と会見し、東日本大震災の福島第一原発事故に関連し、人間のおごりと現代文明のひずみの一例として原発の開発に警鐘を鳴らした。教皇が原発の安全性に言及するのは異例のことである。教皇は原発を旧約聖書の「バベルの塔」になぞらえて「天に届く塔を造ろうとして、自らの破滅を招こうとしている」と表現し、「人間が主人公になって自然を破壊した結果の一つ」と述べている。また文明を破壊する最たるものとして兵器の製造・輸出を挙げ、「そこが他者の血にまみれた莫大な富を得ているのが大きな問題だ」とも述べている。

ドイツは二〇一一年の福島第一原発の事故をきっかけに、二〇二二年までの脱原発を決定した。その決定に大きな影響を及ぼしたのが、メルケル首相が設置した倫理委員会である。政策決定になぜ倫理委員会が必要だったのか。委員会の十七人のメンバーには、原子力の専門家はおらず、社会学者、哲学者、宗教者、政治学者、企業人などさまざまな分野の人で構成された。議員はいたが、緑の党や環境保護団体の関係者はおらず、極端な賛成派や反対派を排除した顔ぶれであった。

倫理委員会は福島原発事故直後に召集され、活動期間は二〇一一年四月四日から五月二十八日と二か月足らず。その間、ドイツのエネルギーの将来展望をはじめ、エネルギーシフトや、核拡散や放射性廃棄物の処分など、将来の社会のありかた全般について考えた提言がまとめられている。原発のリスクの責任を考えたとき、原子力事故は最悪の場合どんな結果になるかは未知であり、「損害が発生する可能性を排除するためには原子力技術をもはや使用すべきではない」という結論が導かれた。現世代の豊かさを享受するために「子孫に負の遺産を残さない」という「世代間衡平の倫理的問題」を最大の理由として脱原発を提言し、これを首相と議会が受け入れたのである。

一方、日本の場合には原発再稼働ありきで、「技術安全委員会」において原発の専門家が安全基準を検討しているのみである。これまであったものを守ろうとするのは、将来モデルではない。リスクのもっと小さな代替手段がある以上、脱原発は可能である。これは社会全体が考えるべきことで、一部の技術者や政治家が決めるべきことではない。

ゲーテの『ファウスト』の中で、ファウストが現世の快楽を得るために悪魔に魂を売ったことになぞらえるならば、今、原子力を再稼働することは、人類が悪魔に魂を売ることと同じである。放射性廃棄物は人類の歴史を超えて十万年という超長期にわたって管理する必要があり、私たちの一時の便利さの追求が、子孫に取り返しのつかないつけを残すことになるからである。しかし原発を推進する人たちは、放射能については技術の発展によって将来的に解決できると楽観視しているものの、何ら具体的な展望は持っていない。また、福島原発の事故においても、「安全神話による自縄自縛状態」が三十年も続いたことから、日本の原子力の安全維持体制は完全に無責任状態に陥り、すべては「想定外」という言葉で責任を取ろうとせず、国民の大きな反発を招く結果となった。このままなし崩し的に再稼働をすると、また同じことの繰り返しになることは明らかである。国家戦略は、四十年以上たってもいまだに確立されない核燃料サイクルのように「こうあってほしい」という希望的観測や、「こうなるはずだ」という主観的願望に立脚した政策的判断で決めて、国民に、いや人類に不幸をもたらしてはならないのである。

預言者アモスは「神である主が語られる。だれが預言しないでいられよう」（旧約聖書・アモス書3章8節）と言っている。エゼキエルは、神から警告を与えられてもそれを人々に言わないままでもし人が死んだら、「その血の責任はその者の頭上にある」（同・エゼキエル書33章4節）と神が言われたと述べている。神学者栗林輝夫によれば、教会はこの世における見張り役を委ねられている。もし教会がこの役割を果たさずに、世間の人々に語らなかったならば、その責任を問われるのは、原発推進側の役人や御用学者、企業人以上に、見張り役を果たさない私たちなのである。主は「時が良くても悪くてもしっかりやりなさい」（新約聖書・テモテへの手紙第二4章2節）と言われている。

自然エネルギーは高コスト？

日本の社会に依然として根強く残っているのは、経済成長を優先する経済信仰と技術力を過信する技術信仰である。しかしイエスは「人は、たとえ全世界を手に入れても、自分のいのちを失ったら、何の益があるでしょうか」（同・マルコの福音書8章36節）と述べている。いのちを軽視する社会は、どんなに物質的に富んでいても空しいものである。
日本の自然エネルギーに関する政策の中では、経済性における制約から普及が十分でないもので、普及促進を図ることが特に必要なものが政策支援の対象になっている。現時点での太陽光発電や風力発電、あるいはバイオマス発電などの自然エネルギー発電は、火力発電など従来型の発電方式に比較して発電コストが割高で、これが普及を妨げる大きな障害であるということになっている。

政府が二〇一〇年十二月に発表した電源別の発電コストによれば、二〇一〇年時点の石炭火力発電の発電コストはkWh（キロワット時）あたり9・5円、LNG（液化天然ガス）火力発電は10・7円、原子力発電は8・9円となっている。これに対して自然エネルギー発電のkWhあたりの発電コストは、住宅用太陽光発電が33・4～38・3円、バイオマス発電が17・4～32・2円、風力発電（陸上）は9・9～17・3円となっており、従来型の発電方式に比較して確かに割高になっている。

政府は技術革新によるコスト低減や、設備利用率の向上、導入・運用費用の抑制などを通じて自然エネルギーの発電コストを抑え、それによって普及の拡大を目指している。石油や石炭、天然ガスなどの化石燃料は、世界的な需要の拡大や中東地域の政治的不安定状況により、今後は価格が上昇する可能性も考えられる。そのような観点からも、新エネルギーの発電コストを下げることには重要な意義があるといえよう。

そこで自然エネルギー発電の普及の呼び水として期待されるのが、二〇一二年七月にスタートした「再生可能エネルギーの固定価格買い取り制度」である。世界的にはＦＩＴ（Feed in Tariff）と呼ばれるこの制度は、電気事業者に、太陽光発電や風力発電など自然エネルギーで発電された電力を全量、一定の期間、一定の価格で買い取ることを義務づけるものである。

日本の自然エネルギーによる電力の導入が進めば、先進国の中で一番低い、僅か４％にすぎないエネルギー自給率の向上、新たな自然エネルギー関連の産業育成、CO_2排出削減などの効果が見込めることになる。ＦＩＴ制度の先進国であるドイツやスペインなどでは自然エネルギーの導入量が急増し、スペインでは太陽光発電が増えすぎて、太陽光発電に対するＦＩＴの適用を中止したほどであり、日本でもＦＩＴ制度導入により、当初10kW以上の太陽光発電に対して、kWhあたり42円という高額の調達価格を設定したことから、導入希望者が急増し、電力会社からは電力系統への接続を保留する動きも出ている。

ＦＩＴの効果は、買い取りの期間や価格によって変わり、長期間、高額で買い取るほど導入量は増えるが、買い取りによるコスト上昇分は電力料金の上昇につながるため、バランスの取れた買い取り価格・期間の設定が求められる。日本ではＦＩＴの根拠となっている再生可能エネルギー特別措置法により、買い取り価格を設定するにあたり、同法施行後三年間は再生可能エネルギー電力の供給者の利潤に配慮することが定められている。

ここで、自然エネルギー発電は本当に高コストなのか考えてみよう。

前述の発電コストの計算において、火力発電の場合には、化石燃料を使用することから、地球温暖化の原因となる二酸化炭素の排出を避けられないが、その影響については考慮していない。また、原子力発電の場合には、安全性確保のためのコストや使用済み核燃料の処理および保管コストについては考慮していない。特に原子力発電の場合には、十万年もの間、誰が責任をもって核廃棄物を保管するのであろうか。この費用は未来永劫にわたって払い続けなければならないのである。

旧約聖書に「わたし自身、あなたがたのために立てている計画をよく知っている――主のことば―それはわざわいではなく平安を与える計画であり、あなたがたに将来と希望を与えるためのものだ」（エレミヤ書29節11節）とある。

未来世代の生命を脅かすことになるような選択は、経済性を超えて倫理的に許されないことではあるまいか。これが人類に将来と希望を与えるものであるか否かは明らかであろう。原発事故がもたらした悲惨な状況が、神が創造した自然の秩序を無視して自分たちの利便性を追求した結果であるのに対し、本来のあるべき姿（神の計画）は別のところにあるのではないだろうか。

2　エネルギー利用の変遷と可能性

エネルギー利用の歴史

人類のエネルギー利用の歴史を概観すると、火の発見に始まり、人力や畜力、そして風力や水力などの自然エネルギーを活用する時代が長く続いた。十八世紀に入り蒸気機関が発明され、化石燃料の利用と相まってエネルギー革命が起こり、これが産業革命の原動力となったのである。その後、十九世紀後半から内燃機関と発送電技術が進展し、モータリゼーションと航空機の出現、そして電化が推進されたことにより、私たちのライフスタイルは大きく様変わりしたのである。

人間は火を使う動物であるといわれている。そして、火の発見は人類の大きな「エネルギー革命」であった。洋の東西を問わず、火についての伝説は多い。ギリシャ神話によれば、プロメテウスは天界の火を盗み出し、人間たちに火の保存法と利用法を教えたため、人類は闇と寒さから解放されたという。また、この火で食物を煮たり焼いたりし、たき火をして猛獣の来襲を防ぎ、さらに銅や鉄を製錬した。この大切な火を消さずに持続させるためには燃料を必要とするが、初めは火のつきやすい草、わら、枯葉などを用い、その後木材の時代が長く続いた。「おじいさんは山へ柴刈りに……」という童話・桃太郎のおじいさんは、山へエネルギー源を採りに行ったのである。

さらに古くは旧約聖書の創世記に、ノアの箱舟にアスファルトを塗る、焼いたレンガでバベルの塔を造る、煙の立つかまどを造る、青銅や銅、鉄の刃物を鍛えるなど、紀元前二十世紀頃のエネルギー事情が記されている。こうした薪炭を主とした自給自足の時代から、工業が発展するにつれて、まず地下資源の石炭が探し出され、続いて石油・天然ガスへとエネルギー源が移り変わり、さらに二十世紀後半には、原子力が登場してきた。

この燃料の変遷を見ると、人類はエネルギー源として質的に高いものを次々に求めてきたことが分かる。これはウラン燃料1トンが石炭300万トンに対比されることからも理解できよう。また、形態上からは、固体の薪炭や石炭から、液体の石油、そして気体の天然ガスへと進んできており、取り扱いの容易なエネルギー源を求めてきたともいえる。

最近では、地球温暖化防止の観点から、温暖化ガス排出量のより少ないエネルギー源が要求されるようになっており、石炭、石油から天然ガスへ、さらには炭素分を含まない究極の燃料である水素が注目されている。

ここで産業革命期のエネルギー源を調べてみると、それまでの自然環境の制約を受けてきた畜力や風車・水車の場合に対して、蒸気機関により燃料さえ確保できればどんな場所でも動力が得られるようになった。最初の蒸気機関はイギリスのニューコメンによって十八世紀初めに発明され、十八世紀末になって、ジェームズ・ワットが実用蒸気機関を開発した。そして、十九世紀の後半になり、明治維新の頃に人力や畜力に代わって蒸気機関が仕事をする時代が到来したのである。

しかし、当時の蒸気機関は、蒸気ボイラーが弱体で爆発事故も多く、きわめて危険であった。イギリスでは一八六〇年代から七〇年代末にかけて一万件もの爆発事故が起き、アメリカでも一八九〇年代初めから一九一〇年代末にかけて一万四千件もの爆発事故が起き一万人を超す死者と一万七千人もの負傷者を出している。

このような状況の中で、スコットランドの牧師スターリングとその弟が一八二七年に発明したのが安全で静粛なスターリング・エンジンであり、近年、再び脚光を浴びている。その後、十九世紀末には内燃機関が発明され、自動車の普及に加えて航空機の発展にも貢献することになった。さらに蒸気タービンや水力タービンの高効率化と大型化、そして二十世紀後半に至って原子力が使われるようになったわけである。

旧約聖書中の知恵の書・箴言に「主を恐れるなら、いのちに至る。満ち足りて住み、わざわいにあわない」(19章23節)とあるが、水力、風力、火力などは「自然」のうちにある力をエネルギーに変換するものであり、自然のうちにある法則によって人間が制御することができるものである。これに対して、核エネルギーは人間の管理能力を超えてしまったものであり、原子力発電を廃止しても放射性廃棄物の脅威は超長期にわたって残り続けるのである。これは、技術以前に倫理の問題であろう。

ここまで来ている風力発電の可能性

二〇一五年末、世界風力エネルギー会議は、世界の風力発電の累積設備容量が425ギガワット(GW)に達し、世界の原子力発電の累積設備容量を超えたという驚くべきデータを発表した。さらに、二〇一九年三月には６００GWに達することになると予測している。原子力発電所の平均的な出力は一基が１００万キロワット（kW）、つまり１GWであるから、世界の風力発電の累計は原発六百基分をはるかに超えているのである。圧倒的に設置容量の多いのは中国で30GW超であり、これにアメリカ、ドイツ、スペイン、インドが続いている。日本風力発電協会によれば、残念ながら国内の風力発電の累積設備容量は３・４GWで、世界の二十位にすぎない。

また、風力発電において重要な指標となる、その国の電力供給に占める風力発電の割合については、デンマークが圧倒的に多く二〇一八年末現在40％、アイルランド28％、ポルトガル26％、スペイン20％、そして二〇二二年までに原発停止を決めているドイツが17％である。電力需要の10％以上を風力で賄っている国が十一か国もあるのだ。さらに、主要国ではイギリスが12％、アメリカが６％に達しているが、日本は僅か０・５％にすぎない。

わが国では、再生可能エネルギーの導入加速化のために、福島原発の事故の翌年二〇一二年七月以降、固定価格買い取り制度が施行されたが、太陽光発電のみが８GWと急速に伸びたものの、同年に大型の風力発電所の建設には環境影響評価が義務づけられたこともあって、手続きに三、四年もの期間を必要とすることから、新規の導入は停滞しているのが現状である。

しかし、わが国の再生可能エネルギーのポテンシャル調査の結果からは、洋上を含めた風力のポテンシャルは太陽光やバイオマスなど他のエネルギー源と比べて桁違いに大きい。日本風力発電協会によれば二〇二〇年には、現状の三倍強の10GWに拡大することが予想される。

新約聖書に「風は思いのままに吹きます。その音を聞いても、それがどこから来てどこへ行くかのか分かりません」（ヨハネの福音書3章8節）とあるが、わが国の風況予測システムはきわめて信頼性が高く、風力発電の適地は高い精度で特定可能である。風力発電は風況に恵まれた場所を選べば設備利用率も25～30％が期待でき、これは太陽光発電の二倍以上である。今後は陸上に比べて風が強く乱れも少ない上に、騒音問題や景観問題とも無縁といえる洋上風力発電が展開されるものと予想される。欧州においても島国のイギリスが洋上風力発電に注力しているように、わが国も排他的経済水域世界六位という圧倒的な好条件を生かすべきである。

一方、風力発電システムの技術的な成果として、福島沖では世界最大の風車直径165メートル、出力7メガワット（MW）という浮体式洋上風力発電システムが実証試験運転を行っており、その成果には世界が注目している。これと同じ規模の超大型洋上風力発電システムが日本とデンマークの合弁企業MHIヴェスタス社により開発され、イギリスからの百二十基の受注をはじめとして大きなマーケットが見込まれている。

とはいえ、風力発電の本格的な導入に向けてはいくつかの解決すべき課題も見えている。まず第一に、風力発電事業者や風車メーカーの投資を誘引するためには、二〇三〇年に向けた導入目標値1・7％はあまりにも低いことから、目標の上方修正と明確化が必要である。次に、地域活性化のためにも、国内風力発電産業と風力発電事業の確立が不可欠であり、これにより新たな雇用も生まれることになる。これには、風車メーカー間の企業間連携や部品や要素の共通化、標準化なども必要になる。また、風力発電のための専用送電線の新設や増強が必要であり、洋上風力発電のための専用船の開発や港湾インフラの整備も必要になる。さらに、先送りできない重要な課題は、陸上、洋上を問わず風力発電の安定的な運転継続のためには、運転・保守のための人材育成の必要性が年を追うごとに増大するはずである。

聖書にも「収穫は多いが、働き人が少ない、だから、収穫の主に、収穫のために働き手を送ってくださるように祈りなさい」（マタイの福音書9章37―38節）とあるが、神の息である風を生かすべき人材は不足しており、育成には時間もかかるのである。

こんなにある創造の恵み

東日本大震災で、火力と原子力を中心とする電力システムの脆弱《ぜいじゃく》さと危険性とに直面してから八年が過ぎた。生活で、仕事で、普段使っている電気をどこから調達し、どのように使っていくべきか、私たちは今、新しいエネルギー体系構築の岐路にいる。圧倒的多数の国民の願いは脱原発と再生可能エネルギーの積極的導入である。とはいえ、果たして地球上に、そして日本に、私たちの生活を維持できるほどの自然エネルギーが存在するのであろうか。「求めなさい。そうすれば与えられます。探しなさい。そうすれば見出します。たたきなさい。そうすれば開かれます」（マタイの福音書7章7節）ということばは、エネルギー問題についても真実なのであろうか。

二〇〇九年秋、駐日デンマーク大使に、日本風力エネルギー学会の恒例のシンポジウムの基調講演をお願いしたことがあった。このときのテーマは「二〇五〇年、デンマークは化石燃料を一切使いません」という刺激的なものであった。その後、私はデンマークでの学会の帰途に同国のサムソ島（人口約四千人）を訪問したが、この島はすでに自然エネルギー100%以上となっていた。また、もう少し大きなロラン島（人口約五万人）も自然エネルギー100%の島となっていることがNHKスペシャル番組で紹介された。また、国内でも、津波と原発の被害を受けた福島県は、「二〇四〇年自然エネルギー100%」宣言をしている。

では、日本に自然エネルギーはどの程度賦存《ふぞん》（天然資源が理論上算出された量として存在すること）しているのであろうか。二〇一一年四月に環境省が発表した「日本の再生可能エネルギーポテンシャル」によると、いずれも100万kW（1GW）単位で、太陽光150GW、陸上風力300GW、洋上風力1600GW、中小水力14GW、バイオマス38GW、地熱発電14GWとなっており、その合計は2116GW、つまり通常の原発は平均して一基100万kW

（1GW）であるから、日本の自然エネルギーの潜在量は原発二千基を上回るほどの巨大な可能性を秘めている。まさに、「神の川は水で満ちている」（旧約聖書・詩篇65篇9節）のであり、日本は自然エネルギー王国なのである。

二〇一五年に発表された、政府の二〇三〇年における電源構成計画によれば、火力発電で56％、自然エネルギーで22～24％、原子力で20～22％としている。原発依存度20％以上とは、運転期間四十年を超えて六十年まで運転するか、新規の増設なしではありえない。また、引き受け手のない使用済み核燃料や原発関連施設のある全国八市町村に対して二〇一七年度以降、少なくとも毎年計二十九億円が入るようにすることを決めるなど、あれだけの犠牲を払っても相変わらず原発利権構造が継続されていることは倫理的にも許されないことである。「『わたしに帰れ。――万軍の主のことば――そうすれば、わたしもあなたがたに帰る。――万軍の主は言われる。』」（旧約聖書・ゼカリヤ1章3節）とある。原発を手放さなければ、新しい動きに対応できないのである。

世界の動きを見ても、ドイツ最大のエネルギー企業エーオンは、二〇一六年に会社を二分割し、原子力・化石燃料による伝統的な発電事業やエネルギー資源の採掘などの事業を将来新設する別会社に移管することにして、これまでの基幹事業から事実上撤退することを決めている。そして、風力や太陽光などの自然エネルギー、これらによる分散型発電に適応するためのスマート・グリッド、顧客のニーズに対応する電力供給サービスの三本柱に特化することになった。エネルギー界の巨人といわれるエーオンでさえ、このような根本的な変革を行って、エネルギー市場の変化に対応しようとしているのである。

私の勤務する大学のある栃木県を考えてみても、「自然の恵み」として、①快晴日数が多く、特に冬季の日照時間は全国三位、②森林面積は県土の約55％、③耕地率は全国五位、④温泉の源泉数は全国十一位、⑤農業用水路での中小水力発電は地点数六十五か所で全国一位、ということが分かっている。このような自然の恵みを生かして、太陽光発電やバイオマス発電、中小水力発電、さらには温泉熱利用などを積極的に導入していくことがエネルギーの自給向上にも温暖化防止にも効果的なのである。それぞれの国と地域が、その地域の自然エネルギーを生かす地産地消のエネルギーシステムは、自治体が主体的に進めるべきであり、これによりエネルギー改革が進み、地方再生にもつながることになる。足元の、創造の恵みに目を向ける時が来たのだ。

3　聖書から教えられるライフスタイル

福島原発の事故から五年が過ぎ、その周囲はいまだに立ち入りが許されず、いまだ十万人以上の方々が故郷に戻れない状況が続いている。しかし、電力会社は目先の経済状況を理由に原発再稼働に向かっており、政府もそれを後押ししている。東日本大震災に続き熊本地震で明らかになったように、地震が頻発する日本ではまた原発事故が起きたら、栄華を誇ったバビロニアと同じ運命をたどることになる。「この大バビロンは、王の家とするために、また、私の威光を輝かすために、私が私の権力によって建てたものではないか」（ダニエル書4章30節）と王が誇った都は消え、その中央にそびえていたことのあるバベルの塔もわずかに聖書に名をとどめるにすぎない。

今、キリスト教徒には「神の国」を目指す新しいライフスタイルが求められている。戦後日本の経済成長期の生き方を超えた、キリスト教徒ならではの生活へと転換することが求められている。そのモデルが西のフランシスコ、東の良寛である。

現ローマ教皇は、自分の名前をアッシジの聖フランシスコからとっている。この人は十二世紀の人であるが、富裕な商人の家に生まれ、若い頃は不良青年と呼ばれるような、金遣いの荒い、パーティー好きの放蕩《ほうとう》の生活を送っていた。しかしその空しさを悟って回心したのち、あらゆる物質への執着を捨てて「乞食坊主」のような清貧の道を選んだのである。フランシスコ会と呼ばれる彼の修道会は、今でも清貧で知られている。ちなみにカトリックの世界では、フランシスコの「主よ、わたしをあなたの平和の道具としてお使いください……」で始まる「平和の祈り」は、人間の作った祈りの中で最高傑作といわれている。

一方、日本にも良寛和尚がいる。江戸時代後期十八世紀後半から十九世紀初めの禅僧であるから、フランシスコよりずっと後の人である。良寛の言葉「欲なければ一切足り、求むるあれば万事窮す」に良寛の清貧哲学が読み取れる。

二十世紀後半、日本は敗戦からの半世紀、経済成長至上主義という名の貪欲路線をひた走ってきた。勤勉な日本人は私利追求と無慈悲な自由競争の扇動に乗って額に汗し、ときには過労死までも伴いながら国を挙げて「モノ、カネ」の世の中を作り上げてきた。そのなれの果てが、現在のモラルの構造的崩壊であり、その典型が安全性を蔑《ないがし》ろにした福島原発の事故であった。今、取り組むべき最優先の課題は、地球環境時代にふさわしい経済の再生と並んでモラル、道義の再生である。今、時代のうねりは二十世紀の「経済成長」から、「地球環境時代」へと大きく転回しつつある。地球環境の保全と新しい豊かさの再構築こそが最優先課題なのである。本当の豊かさはモノ、カネではなく心の豊かさなのだ。これについては、一九七〇年代にE・F・シューマッハーが『スモール・イズ・ビューティフル』(『人間復興の経済学』)の中でも述べている。

脱原発は、なにも難しいことを言っているわけではない。「未来の世代に健全な地球を手渡したい」という願いは「いのちを守る」「いのちを大切にする」ということと同義なのだ。「私は今日、あなたがたに対して天と地を証人に立てる。私は、いのちと死、祝福とのろいをあなたの前に置く。あなたはいのちを選びなさい。」(旧約聖書・申命記30章19節)

私たちは、これまで青年時代のフランシスコのように、石油・石炭・天然ガスの化石燃料を使いたい放題にし、原子力まで使って放蕩《ほうとう》三昧の生活を営んできたが、スリーマイル島、チェルノブイリ、そして福島原発の事故で、モノ、カネを至上とする生き方のむなしさに目覚めたのではないだろうか。「まだ悟らないのですか」（マルコの福音書8章21節）とイエスも言われたように、取り返しがつかなくなる前に「回心」して清貧の生活に切り替え、本当の幸せをつかむべきなのだ。フランシスコは自然を愛し、人間を大切にした。彼は自然の中に神の力を感じ、自然を通して神を賛美した。晩年に詠んだ「太陽の賛歌」には自然に対する優しい愛、神に対する賛美と感謝、信仰に裏づけられた楽観主義を読み取ることができる。そして一九七九年には環境保護の守護聖人と宣言されたことも当然である。

原子力発電なしでやっていけるのだろうかと心配する人もいるが、福島原発の事故以降、原発なしでやってこられたのだ。前回述べたように、日本は自然エネルギー王国なのである。神のよみしたもう、いのちを大切にする脱原発路線に舵《かじ》を切るとき、神はわれらを養ってくださるのである。「烏のことをよく考えなさい。種蒔きもせず、刈り入れもせず、納屋も倉もありません。それでも、神は養っていてくださいます。あなたがたには、その鳥よりも、どんなに大きな価値があることでしょう。」(ルカの福音書12章24節)

エネルギー問題の先見者 内村鑑三

内村鑑三のことを知らない人は少ないであろうし、その著書を読まれた方も多いはずである。一八六一年(文久二)に生まれ、新渡戸稲造と共に札幌農学校に学び、その間にクリスチャンとなった。米国留学後、伝道生活に入り、『余は如何にして基督信徒となりし乎』(原文は英語)など多くの著書を著している。

また、足尾銅山鉱毒事件では古河財閥を糾弾し、日露戦争では非戦論を唱えている。独自の聖書研究に基づく信仰「無教会主義」を唱え、明治、大正期のキリスト教の代表的指導者となった。

その内村に『デンマルク国の話』(岩波文庫)という講演録がある。これは一八六〇年代のプロイセンとの戦いで、国土の三分の一、しかも最も豊饒な南のシュレスウィッヒとホルシュタインの二州を住民ごと割譲させられ、人口も二百五十万人から百八十万人に激滅するという絶望の果てから、世界最高の福祉国をつくる基となった、ダルガス父子の植林活動を紹介したものである。

内村は、「良き宗教、良き道徳、良き精神」さえあれば、国の危機は好機になりうる、国民は不運を幸運に転じることができると論じている。注目すべきは、その末尾にある以下の文章である。

デンマークの話は、私どもに何を教えますか。第一に敗戦かならずしも不幸にあらざることを教えます。〔中略〕第二に天然の無限的生産力を示します。〔中略〕大陸の主《ぬし》かならずしも富者ではありません。小島の所有者かならずしも貧者ではありません。善くこれを開発すれば小島も能く大陸に勝さるの産を産するのであります。ゆえに国の小なるはけっして歎《なげ》くに足りません。これに対して国の大なるはけっして誇るに足りません。富は有利化されたるエネルギー（力）であります。しかしてエネルギーは太陽の光線にもあります。海の波濤《なみ》にもあります。吹く風にもあります。噴火する火山にもあります。もしこれを利用するを得ますればこれらはみなことごとく富源であります。かならずしも英国のごとく世界の陸面六分の一の持ち主となるの必要はありません。デンマークで足ります。然《しか》り、それより小なる国で足ります。外に拡《ひろ》がらんとするよりは内を開発すべきであります。第三に信仰の実力を示しています。国の実力は軍隊ではありません。

つまり、外なる有限ではなく、内なる無限に目を向けよと訴えているのだ。ここには、現在の太陽光、波、風、地熱が挙げられているが、本文では木質バイオマスである植林について述べており、さらに酪農国のデンマークは畜産廃棄物としてのバイオマスも十分にある。

では、国土面積がデンマークの八倍もある日本はどうであろうか。降雨量がデンマークのほぼ二倍であり、国土の七割が山岳丘陵地であるから、上記に加えて水力も十分利用可能であり、わが国の地熱のポテンシャルは世界第三位である。排他的経済水域は世界の六位であり、洋上風力発電や潮流発電さらには波力発電も期待できる。日本は自然エネルギー王国なのである。

内村のアドバイスに従うなら、福島の原発事故は日本ばかりでなく全世界の好機になりうるわけであり、魂の安らぎを備えるテクノロジーへの転換のチャンスとなるのだ。日本では第二次世界大戦の敗戦後から、しばらくの間は小学校の国語教科書などに、内村の『デンマルク国の話』の児童版が掲載されていたが、一九六〇年代の「戦後は終わった」という言葉とともになくなり、アメリカ型の資源エネルギーの多消費型に変わったのである。

内村は、明治期にnatureを「自然」とするか「天然」とするかの論争があったとき、これは天からの恵みであるから天然とすべきである、自然は自ずから成るということで傲慢だから不適当であると述べている。「わたしが目を留める者、それは、貧しい者、霊の砕かれた者、わたしのことばにおののく者だ」（イザヤ書66章2節）とあるが、私たちも、天から与えられたエネルギーを恵みとしていただくという謙虚な姿勢が必要なのである。

この講演（一九一一）がなされた時代は、日清戦争（一八九四〜九五）に勝利し、さらに日露戦争（一九〇四〜〇五）にも勝利して軍事大国へと向かおうとしているときであり、内村の言葉は「外に向かって戦ってはならない」という警告でもある。この警告を無視してなされたのが、第一次世界大戦、そして第二次世界大戦であり、いずれもエネルギー資源を奪い合う悲惨な戦いであった。

資源を地域に生かしたデンマークの選択

北欧の人口五百七十万人の小国デンマークは、「理想の社会福祉国家」、「自然エネルギー先進国」と呼ばれ、「荒野と砂漠は喜び、荒れ地は喜び躍り……盛んに花を咲かせ……」（イザヤ書35章1、2節）という聖書のことばどおりのモデル国であるが、あまり知られていない。日本で知られているデンマーク人は、童話作家のアンデルセン、実存哲学のキルケゴール、そして物理学者のボーアなどであろうか。しかし、内村鑑三も紹介している「デンマークを育てた最良の息子」と称されるダルガスと、この国の礎となった「国民高等学校」（フォルケ・ホイ・スコーレ）を設立した、牧師、詩人、教育者、社会啓発家、政治家というマルチ・タレントのグルントヴィも忘れることはできない。

ユトランド半島南部のアスコー国民高等学校には、十九世紀末にグルントヴィの思想に共鳴したコペンハーゲン大学の教授ポール・ラクールが移り住み、物理と数学を教えるとともに、風力発電の体系的研究開発と普及活動を行い、「風力発電の父」と呼ばれている。

さらに、このユニークな国を理解するには、やはり宗教が重要である。「デンマーク憲法」では福音ルーテル派を国教と定めている。国民の85％がこれに属し、政府には教会省があり、信徒は教会を維持するために「教会税」として課税対象額の１％を国と地方自治体とに分割納税している。国民の心の拠り所でもある「国民教会」は約三千四百か所もあり、日曜日とキリスト教の祭日には礼拝が行われる。この国民教会で歌われる讃美歌の約半分は先述のグルントヴィの作詞である。これに加えて、十七世紀に信仰の自由のゆえにフランスを追われたユグノー（カルヴァン派）の勤勉と熱誠が、亡命先のオランダ、デンマーク、ドイツ、イギリスで産業を興したが、この国でもダルガスやラクールがその血につながっている。

デンマークのエネルギー事情を考えるとき、一九八五年に放射性廃棄物の課題が主因で原発導入を否決したのが大きなポイントであるが、最近では二〇一二年に政府与党と野党との間で合意されたエネルギー協定「緑の転換」が注目される。これは二〇五〇年までにエネルギー供給のすべてを再生可能エネルギーに転換するというもので、通過点の二〇二

○年までに電力消費の50％を風力発電で賄うこととしている。このため二〇二〇年までに600MWの陸上風車、400MWの洋上風力発電群を設置し、沿岸部にも500MWの洋上風力発電群を設置する。さらに陸上の旧式の中小規模風車を大型風車に取り換えることにより500MWの追加を考えている。二〇一五年には風力発電の累積導入量は5000MWに達し、電力消費に占める風力発電の割合はすでに42％に達している。経済面でも風力発電産業全体の売り上げはGDPの4・3％に相当し、風力発電産業での雇用は二万九千人となっている。

また、デンマークでは歴史的に地域のエネルギー資源は地域のものという考え方が強く、風力発電装置も地域住民の個人所有や共同所有の比率が高いが、地域住民の積極的な参加により、景観や騒音の問題で住民の反対運動が少ないことも特徴である。さらに特筆されるのは、再生可能エネルギー促進法により、風車群から四・五キロメートル以内の住民に対し、風車所有権の最低20％を風力株として購入する機会を提供すること、沿岸近くの洋上の風車群の十六キロメートル以内の住民には、やはり風車株の購入機会の提供が義務づけられていることである。

　こうして見てくると、デンマークの「緑の転換」は順調でバラ色に見えるが、もちろん課題もある。この国でも再生可能エネルギーの普及には固定価格買い取り制度が有効であったが、今後の洋上風力や沿岸風力の売電価格は、電力の市場価格に賦課金を上乗せして決められることから、風力発電量が増加して市場電力価格が低下すると賦課金の割合が上昇し、国民負担が増大する。この負担増を回避するため固定価格を下げても洋上風力発電の採算が合うように、建設コストや運用コストを低減する必要があり、絶えざる技術革新が必要となる。また、市場電力価格の低下を回避するためには電力利用の高度化が必要であり、スマートグリッド（次世代送電網）の積極的な導入や電気自動車の普及拡大、迅速でより高精度な風力発電の出力予測の活用も必要となる。このように、まったく資源のない国が、賢い選択により高福祉、化石燃料フリー、本物の教育などのモデルとなっていることに倣いたいものである。

4　持続可能社会は実現できる

世界に広がる再生可能エネルギー

一九四五年、第二次大戦直後の世界の人口は、わずか二十三億人、その後七十年を経過して現在は七十億人を超え、今世紀中には百億人になろうとしている。人口は三倍に増加したというより、爆発したのだ。

「わたしは、あなたの子孫を地のちりのように増やす。……」（創世記13章16節、あるいは15章5節）という聖書のことばは見事に成就したが、この人口を支えるには食料とエネルギーが不可欠である。現時点ではエネルギーは四十億人分しか供給できず、三十億人ものエネルギー難民が発生している。この開発途上国の三十億人もの人々は、原子力や大型火力など大規模集中型エネルギーシステムの恩恵に浴していないだけで、小規模分散型の自然エネルギーによるコミュニティ発電を進めれば救済できる人々なのだ。

人類は、将来にわたって一定程度の豊かさをもって暮らしていける社会、つまり持続可能な社会を実現していかなければならない。そのためには持続不可能な化石燃料や原子力でなく、再生可能な資源とエネルギー源を、再生可能な範囲で使っていくしか道は残されていないのである。

世界全体を見れば、自然エネルギーは、農業革命、産業革命、情報通信革命に次ぐ「第四の革命」と呼ばれるほどの急激な成長を遂げている。二〇一五年に、世界で新設された電源の六割以上が自然エネルギーで、その投資額も世界全体で約三十六兆円と記録を更新している。二〇一五年十二月パリでの地球温暖化サミットでは、欧州は二〇三〇年までに自然エネルギー発電を45％に倍増する野心的な目標を設定するなど、各国とも自然エネルギーを、地球温暖化対策はもちろんのこと、エネルギー供給、産業経済、地域活性化の柱として位置づけている。

このような状況は、二十年前には考えられなかったことであるが、自然エネルギー発電の「学習効果」により性能向上と価格低下が継続的に生じていることに加え、エネルギーシステムの流れが独占的な大規模集中から民主的な小規模分散へと変わってきたことが原因である。これにより、地域コミュニティやNGOなどがエネルギーを自立的に低価格で生み出せるようになったのだ。

内村鑑三が持続可能社会とエネルギー問題の先見者として、百年以上前に紹介したデンマークは、二〇一二年に決定した「緑の転換」プロジェクトにおいて、二〇五〇年には風力とバイオマス中心の再生可能エネルギー利用によって化石燃料の使用をゼロとする「CO_2フリー」の国づくりを目指している。二〇一六年現在、すでに電力消費の約40％を風力発電で賄っている。また、同国のサムソ島（人口四千二百人）や沖縄本島ほどのロラン島（人口六万三千人）は、すでに自然エネルギー100％を実現している。

欧州では、デンマークに続きドイツで環境局が二〇五〇年に電力を100％自然エネルギーとするシナリオを発表しており、オスナブリュック市（人口十五万八千人）は周辺地域と「100％気候保護マスタープラン」を策定し、電力需要の約34％、熱需要の約12％を自然エネルギーで賄っている。農村部や島嶼《とうしょ》では、ヴィルドホルツ村（人口二千四百七十人）やペルヴォルム島（人口一千百五十万人）などがすでに100％自然エネルギーを達成している。さらに、大都市ミュンヘン（人口百三十五万人）でさえ、二〇二五年までに１００％自然エネルギーの目標を設定。市域内での供給には限界があるため、ドイツ国内および欧州内の各種自然エネルギー発電に資本参加し、電力系統に給電した電力をミュンヘン市内に供給する計画を進めている。

日本では、東日本大震災と福島原発の事故を契機に、福島県が再生可能エネルギー推進ビジョンの中で「二〇四〇年までに１００％自然エネルギー」を掲げている。また、宝塚市では「宝塚エネルギー二〇五〇ビジョン」の中で、二〇五〇年までに電力および熱需要において、それぞれ50％の自給率を目指し、あわせて市外からの調達により１００％の活用率を目指している。

このようにして、国内外で進行中のコミュニティパワーは、これまで独占されてきたエネルギー政策を民主化すると同時に、与えられてきたエネルギーを、自らの意思で創り出し、選び取る時代になったのである。創世記には、神が光や水や動植物を創造し、人間に管理をゆだねたと書いてある。その良き管理者の権限を越えて限られた資源をむさぼるのではなく、賢く用いることが求められている。

脱原発への現実的シナリオ

福島の原発事故で明らかになったことは、これまで日本における原発推進派と反原発派が互いに不信感を強く抱いて対話をしてこなかったことがリスクを大きくしたということである。脱原発の主張は国民の大多数が願っているが、立場の違う相手にも届くものでなければ歩み寄りにはつながらない。原発に限らず、あらゆる事象を白か黒かで単純に分ける議論のしかたは、社会の亀裂を増幅するだけである。自分の心を見れば分かるように、この世の中の現実は限りなく灰色であり、キリスト者は信仰に立って、これをいかに白くしていくかに知恵を絞るべきなのだ。一時期、首相官邸前デモでは「即時・無条件・全面」脱原発が叫ばれていたが、私たちの役割は、二項対立を乗り越えて対話の糸口を探り、原発リスクの最小化を目指すことにある。

原発推進派からも唯一受け入れられていた反原発運動の先駆けであった故高木仁三郎は、創世記のノアの箱舟の記事に見る技術解決主義の萌芽は、被造物世界全体の管理人であるべき人類に再びおごりを与えたと考えている。その技術解決主義が数千年の後に、原子核の封印を破って力を取り出して利用し、問題解決を図ろうとする地点までエスカレートしていく。つまり、核エネルギーの解放はキリスト教の世界観から生まれたと解釈している。旧約聖書のヨブ記38章に「あなたは天の掟を知っているか。地にその法則を立てることができるか」とある。ここは聖書で唯一、天の法と地の法の区分がある。その視点に立つと、義人であるヨブが試練を与えられることへの説明がつく。人が核というパンドラの箱を開けてしまった以上、地上にあっては、人は苦難から永遠に逃れることはできない。ヨブのように個人的にはいかに倫理的に優れた義人であろうとも、自らに負わされた苦難をも恵みとしてなおも負い続けていくべきなのである（新約聖書・ピリピ人への手紙1章29節参照）。

即時脱原発は非現実的であり、具体的に脱原発を進めようとしたら、電源三法交付金が周辺住民の生活を支える基盤となっている原発立地自治体の経済構造を明らかにして、地元コミュニティを交付金なしで維持していく代案が必要になる。再生可能エネルギー利用への挑戦も大いになされるべきであるが、再生可能エネルギーだから安全と決まったわけではない。原子力を汚れた文明の権化とみなし、再生可能エネルギー利用を自然と共生する理想の方法と考える姿勢も技術解決主義に立脚しており、科学技術特有のリスクからは無縁ではありえないのだ。

全原発を止めて再生可能エネルギーにシフトが可能か否かを見極めるためには、まだ相当の時間がかかる。再生可能エネルギーによる電力供給が、技術的にはもちろんのこと、固定価格買い取り制度などの優遇措置なしに完全に経済的にも実用段階に達するまで、世界に先駆けて廃炉技術や使用済み燃料の処分技術を確立し、脱原発に向かう世界各国の廃炉のリーダーとなることが福島原発事故の教訓を生かす道であろう。原発からの「撤退戦」のための人材確保も重要だ。こうした手段の部分をどうするかの議論を欠いたままでは、いつまでたっても脱原発はできまい。

高速増殖炉「もんじゅ」の廃止を決めざるをえなくなった今こそ、核燃料サイクルが回らなくなった今こそ、脱原子力のために、原子力への保護政策をやめ、逆に廃炉など脱原発工学の構築を進め、人口減による電力需要の自然減を利用しつつ市場原理に従った脱原発への漸進を促していく――それが脱原発への具体的なシナリオである。戦争もしかりだが、始めることは簡単であるが、終わらせることがいかに困難であるかは、先の大戦でいやというほど学んだはずである。三百十万人もの死者のうち、最後の一年間で半数近くが亡くなっているのだ、少しでも早く脱原発をしなければならない。

世界中の再生可能エネルギー投資は、この十年で十五倍に増えており、現在二十五兆円である。すぐに自動車産業と同じくらいの巨大産業ができることは間違いない。原子力発電はせいぜい数兆円以内の産業であることから、再生可能エネルギーのほうがはるかに大きな産業になってきており、これこそ大きなプレゼントである。この機会を逃すべきではない。

5　風の力

ここからは、自然界に存在してエネルギーの基となる風、水、火、地熱、生物、海洋、化石などの資源の力について、それぞれ考えてみよう。まず、風である。

そもそも「風」という現象とは?

風は目に見えないうえに気ままな動きをするために、昔から世の中で分からないもの、あてにならないものの代表のように言われてきた。聖書にも「風は思いのままに吹きます。その音を聞いても、それがどこから来てどこへ行くのか分かりません」(新約聖書・ヨハネの福音書3章8節)とある。このように気まぐれで分かりにくい風であるが、最近ではスーパー・コンピューターや人工衛星の助けを借りて気象学が大きく発展し、地球を取り巻くさまざまな風の動きも明らかになってきた。

ところで、風はなぜ吹くのであろうか？　先に正解を簡単に述べてしまえば、「風は太陽のエネルギーが地球を暖めるために起きる現象」ということになる。宇宙空間に浮かんでいる地球の中で、太陽との距離が最も短い赤道付近で太陽エネルギーが一番強く、北極や南極に向かって緯度が高くなるにつれて弱くなる。このため赤道付近は陸地も海面も温度が高く、そこに接している赤道付近の空気は暖められて軽くなり、上昇するという対流現象が起きる。

赤道付近の風が上昇すると、その場所の気圧が低くなり、赤道に向かって北半球では北東から、南半球では南東から風が流れ込んでくる。真北、真南の風にならないのは、地球が自転しているからである。この赤道に向かって移動する地球規模の南北の方向の大気の流れを、「大気大循環」という。また、多少ロマンチックに「貿易風」とも呼んでいる。この赤道への風のように、気圧の高いところから低いところへ向かって空気が移動することが、風の吹く基本的な原理である。

地球には、この赤道に向かって吹く風のほかに、もうひとつ、西から東に吹く風もある。北極の上空から見ると、地球は左回りに自転していることから、地面に接している空気が、地球の自転により移動して風が引き起こされるためである。この地球規模で西から吹いてくる風を「偏西風」と呼び、日本の上空では、地上十二キロメートルから十六キロメートル付近で、西から東へと強い風が吹いている。したがって、日本からアメリカに向かう飛行機は追い風になり、短時間で目的地に着くが、帰りの便は向かい風になり余計に時間がかかることになる。逆に、日本からヨーロッパに向かうときには向かい風の中を進むことから時間がかかり、帰りは追い風に乗って早くなるわけである。

地球上に吹いている風には、「貿易風」や「偏西風」のような地球規模のスケールの大きな風から、夏と冬で風向が変わる一年周期の中規模のスケールの「季節風」、もう少し規模の小さな、朝と夕で風向の変わる「海風・陸風」や「山風・谷風」、さらには特殊な気象条件により発生する台風やハリケーン、竜巻、きわめて狭い地理的条件で発生する突風、さらにはビル風など多くの風がある。

ここで、規模の小さな「海風と陸風」について考えてみよう。次頁の図1に示すように、海風は海から陸へ、陸風は陸から海に向かって吹く風である。日中に同じ太陽のエネ

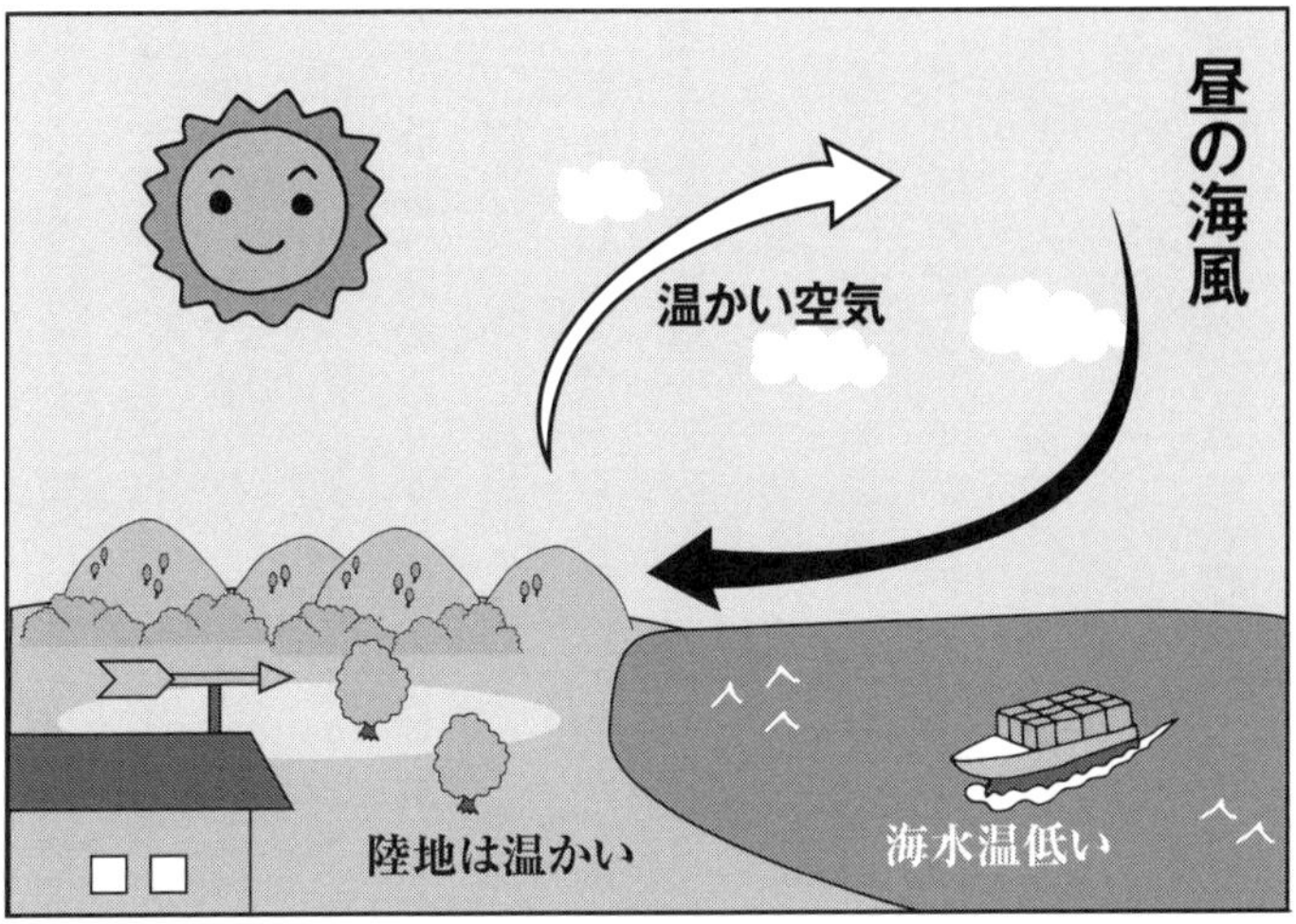

図１　海風と陸風

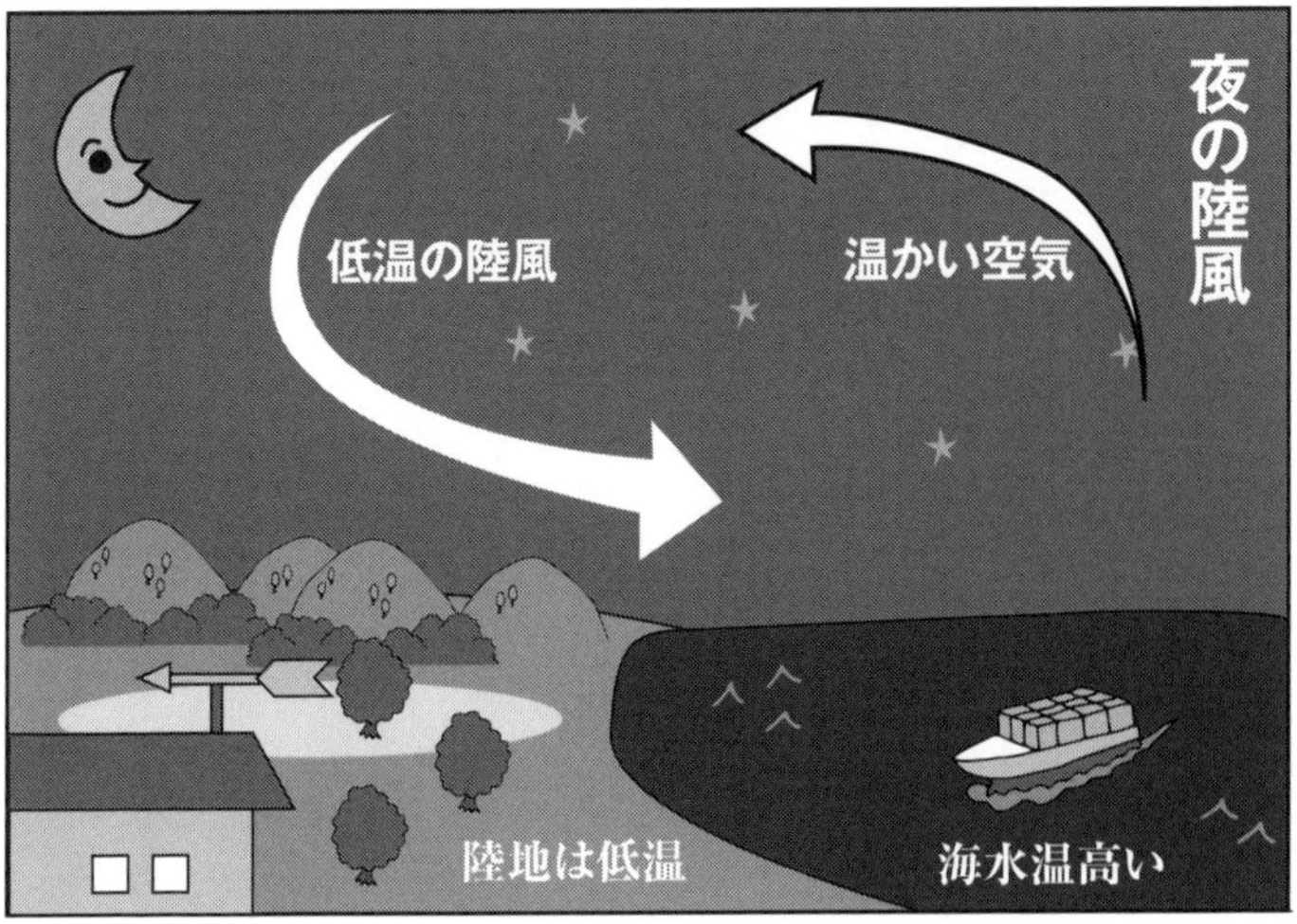

ルギーを受けても、陸地のほうが海水より早く温まることから、陸地の空気は温まり軽くなって上昇し、そこに海のほうから空気が移動してくることになる。したって、朝から昼間は海から吹いてくる「海風」になるわけである。一方、夕方から夜間になると陸地は早く冷えてしまうのに対して、海の表面はまだ温かいために、海水に接している空気は上昇し、そこへ陸のほうから空気が移動してくるため、「陸風」になる。

「山風・谷風」も類似の現象で、温まりやすい山の南斜面と、温まりにくい谷間との間で起きている。朝から昼間は谷間からの風が吹き、夕方から夜間は山から谷間に向かって風が吹く。風は一日の初めと終わりを告げてくれるわけである。

日本の風について考えると、冬はシベリアの大地の上に「シベリア高気圧」と呼ばれる冷たく重い空気が発達し、ユーラシア大陸から、温かい北太平洋の方に向かって、つまり日本列島のほうに向かって風が強く吹くことになる。その冷たい風は日本海でたくさんの水分を含んで日本海側の地方に雪を降らせた後に、日本列島の背骨のような脊梁《せきりょう》山脈を越えて、太平洋側では冷たく乾燥した北風や北西の季節風となって吹き下ろすことになる。これが「空《から》っ風」と呼ばれる冬の風である。空っ風は、各地でいろいろな名前で呼ばれており、北関東の「赤城おろし」や「筑波おろし」、山形県の「清川だし」、プロ野球阪神タイガースの応援歌にもなっている関西の「六甲おろし」など数多くある。「だし」はおもに日本海側で、「おろし」はおもに太平洋側の内陸の風である。

これらの局地風の中で、稲作など農業に悪影響を及ぼすものがあり、山形県の「清川だし」、岡山県の「広戸風」、そして愛媛県の「やまじ風」は、日本の三大悪風といわれている。

私は悪風清川だしを逆手にとって、風力発電で山形県立川町（現在は余目町と合併して庄内町）の町おこしをするお手伝いをしたが、これは見事に成功し、NHKのプロジェクトXという番組でも「突風平野風車よ闘え！」というタイトルで放映された。

風は世界中どこにでも吹いている。しかし、わが国ほど春夏秋冬、各地にそれぞれ独特の風が吹いているところは珍しい。これは日本がモンスーン気候帯に位置し、しかも国土の七割近くが山岳丘陵地という複雑な地形から成り立っているためで、これによる自然条件の特殊性が日本独自の繊細な文化を生み出してきたといえる。

俳句の季語や手紙の書きだしにも、風が多く使われ、古くは万葉集に読まれた大気現象も、風、雪、雲、雨の順に多い。古今集では「秋きぬと目にはさやかに見えねども風の音にぞおどろかれぬる」など風の歌が一番多く、続いて雪、梅雨、かすみ、の順になっている。また、風をタイトルに入れた本も数えきれないほどで、『風の又三郎』（宮沢賢治）、『風立ちぬ』（堀辰雄）、『帰りこぬ風』（三浦綾子）、『風の谷のナウシカ』（宮崎駿）などをはじめ、全世界では数え切れないほどになろう。もちろん、歌謡曲やニューミュージックなど歌の世界でも風は数多く歌われている。さらに、旧新約聖書に現れる風は、創世記から黙示録まで、およそ百八十か所あり、モーセに率いられたイスラエル民族の前で紅海を強い東風が吹いた話（旧約聖書・出エジプト記14章21節）、イエス・キリストの弟子たちの上に激しい風のように聖霊が臨んだペンテコステの記事（新約聖書・使徒行伝2章2節）など、よく知られた箇所が多く含まれている。

人類の歴史と風の恵み

人類の歴史をたどってみると、紀元前の昔から、人類はさまざまな形で風の力を利用してきた。最も古い利用法は帆による風の力による推進であり、帆に風を受けて進む船は、竿やオールで漕ぐいかだや丸木舟よりはるかに速く、大海原を遠くまで移動できたのである。紀元前から帆を付けた船が使われたことは、エジプトのピラミッドの中に絵が残されていることからも分かる。古代イスラエルのソロモン王の時代（紀元前九〇〇年頃）、興味深い風の利用法として、谷間の風を天然の「ふいご」として使ったという記録があり、これにより木材を燃やす火力を強めて、銅の精錬を行ったのである。

十八世紀に至って蒸気機関が発明されるまで、牛や馬の畜力と、自然エネルギーである風車、水車が動力源として、きわめて長い間使われてきた。今はグローバル化の時代といわれるが、歴史上のグローバル化は、人類が貿易風や偏西風を利用して帆船による大航海時代が始まったコロンブスやバスコ・ダ・ガマの十五世紀末に遡ることになる。この記念碑の一つがヨーロッパ大陸の最西端ロカ岬にある。この碑には「ここに陸終わり海はじまる」で始まるポルトガルの詩人カモンイスの詩の冒頭部分が記されているが、これはインド航路を開拓したバスコ・ダ・ガマの偉業を讃えたものである。

ちなみに、コロンブスの船は「サンタ・マリア号」、インド航路を開いたガマの船は「セント・ガブリエル号」で、マリアに「受胎告知」をする大天使の名前をとっている。

世界一周の途中、フィリピンで原住民に殺害されてしまったマゼランの船は「ビクトリア号」である。大自然に対して謙虚であったコロンブスとガマには神の加護があり、人間の勝利を意味するビクトリア号に乗ったマゼランは人間の力を過信していたためフィリピンでいのちを落とすことになった、と考えるのはうがち過ぎであろうか。

ここで風が人類の生命の基になっている恵みについて確認しておこう。私の文章「未来に生かす自然のエネルギー」が小学校六年の国語の教科書（東京図書）に載っていることから、学校で風や風力発電の話の出前授業をすることも多い。ちなみに、この教科書には二〇一七年に百五歳で召天された日野原重明先生の「君たちに伝えたいこと」も掲載されている。また、日野原先生は『明日をつくる十歳のきみへ～一〇三歳のわたしから～』という本も出しているが、その中で科学の良い使い方として「風力発電を知っていますか」という文章を書いておられ、たいへん嬉しく思っている。

出前授業では、初めに「皆さんは、今朝はご飯でしたか、パンでしたか?」と尋ねる。そして「ご飯の人も、パンの人も、風が吹かないと食べられなかったんですよ」と謎かけをしてから、日本やアジアの人々の主食である米、欧米人の主食である小麦、さらにはトウモロコシなど人類にとって重要な穀物を生み出すものは、風の力を使って受粉する風媒花であることを話し、風は私たちにとって生命の基であり、帆船の動力源であり、風力発電などエネルギーの基にもなっていることを伝える。

また、植物の種子や果実に扁平な翼が発達し、ヘリコプターのように回転しながら落下するものがある。その代表がカエデやマツなどで、一枚のプロペラのような翼に過ぎないが、落下するときにはくるくると回転する。この自動回転は落下速度を低下させ、もし途中で風が吹けば、それだけ遠くに飛ばされることになる。ツクバネのように羽の枚数の多いもの、あるいはトネリコのように一枚の狭い羽根で回転の速いものは落下する速度が小さく、風の力で種まきをしてもらっているのである。私はＪＩＣＡ《ジャイカ》国際協力機構のプロジェクトで十回以上ケニアの大学に出かけたが、十月から十一月頃に美しい薄紫の花を咲かせるジャカランダの種は、小さな無尾翼飛行機のような形で、風に乗ると一キロメートル以上も飛ぶことができる。これと同じような風で飛んでいく種には、熱帯植物のアルソミトラ・マクロカルパ（和名・がんどうかずら）があり、この種は羽も大きいことからジャカランダの種よりはるかに遠くまで飛んでいく。

風力活用　これからの可能性

世界的には各種再生可能エネルギーの中でも、風力発電の導入量の急進展ぶりが目立っているが、二〇一七年十月には、世界の風力発電の累積導入量は５００GWを超えるというエポックメーキングな年となった。１GW＝１００万kWであり、ほぼ原発一基分に相当することから、二〇一九年六月時点で、６００GWつまり原発六百基分もの風車が世界中で回っているのである。

ここでは、日本で一番ポテンシャルの高い洋上風力発電の可能性について述べよう。日本で自然エネルギーが主力電源となるためには太陽光に比べて立ち遅れている風力発電の大幅な導入拡大が必須である。国土の七割が山岳丘陵地で山林が多く、排他的経済水域世界六位という海に囲まれた日本では、風力発電の主流である陸上型の導入量が３・４GWと伸び悩んでいる一方、大規模化が可能な洋上型に関心が集まっている。政府は、海域利用のルールを定めるなど、本格的な開発を促進する環境整備がなされつつある。

海外、特に欧州は偏西風帯にあり風況に恵まれていることに加え、北海は遠浅で水深が浅いため海中に風車を建てやすく、その上、かつての海中油田掘削での経験と海上工事用の特殊船舶が多数あるという好条件が揃っていることから、風車の大型化や拠点港の整備もなされて発電コストの低下が進み、急速に伸びている。

対照的に国内での風力発電の導入ペースは遅く、発電量に占める割合は1％に満たない状況である。また、政府の風力発電の導入目標も二〇三〇年時点で2％弱と消極的であることから、風力発電事業者も将来性を危惧して投資意欲が分かない状況に陥っている。政府による目標引き上げと政策的なてこ入れが欠かせない。洋上風力は、国内ではまだ実証試験段階にあるが、最近では東北や九州を中心に大がかりな計画や構想が浮上している。洋上風力発電を目指す事業者の間では、広い海域を長期間にわたって使える仕組みを求める声が強い。港湾以外の海域の利用は都道府県の条例に基づいて認められるが、これまでは三〜五年と短く、発電事業や資金調達の計画が立てにくいのが実情であった。

政府はそこで二〇一六年には港湾法の改正を行い、認定された事業については二十年間の海域利用が可能となった。さらに二〇一九年四月からは「海洋再生可能エネルギー発電設備の整備に係る海域の利用の促進に関する法律」が施行され、一般海域においても三十年間の海域利用が可能となり、洋上風力発電事業が一気に加速されることとなった。

一方、開発の枠組みができても、普及の壁になっている要因がほかにもある。まず解消すべきは、送電線網の「空き容量不足」を理由に再エネ発電事業者が規模どおり接続できない問題である。これについては送電設備を有効活用するため、「日本版コネクト&マネージメント」（既存の電力系統を最大限に利用するため空き容量を実態に合わせて拡大したり、緊急時用の枠を開放したり、再生可能エネルギーの出力制御を前提として新規の接続を許可する方式）により運用を見直しつつある。それに加えて、ニーズの高い地点での送電設備の増強が進むように、費用負担のルールを整える必要がある。さらに、通常数年かかる環境影響評価（アセスメント）も、改善の余地があり、調査や審査の質に影響しない作業は並行して進める「環境アセスメントの迅速化」も図る必要がある。欧州では送電線網の確保や環境アセスなど、立地関係の調整を政府が主導し、風力発電の拡大に効果を上げている国もある。日本も海外の成功例を参考にしつつ、事業参入のハードルを下げ、風力が本格的に伸びていく状況を作らなければならない。風力発電導入の課題のひとつは発電コストの高いことであるが、これについては二〇三〇年に電力の1・7%としている目標値を、風力先進国並みに一桁高くして大きな市場を形成し、量産化によりコストを下げることが必

風力発電導入ロードマップ

ビジョンの基本条件とロードマップの設定方法

・2050年度需要電力量に対して、風力発電から約20%以上供給
・累積導入量を、S字カーブで設定

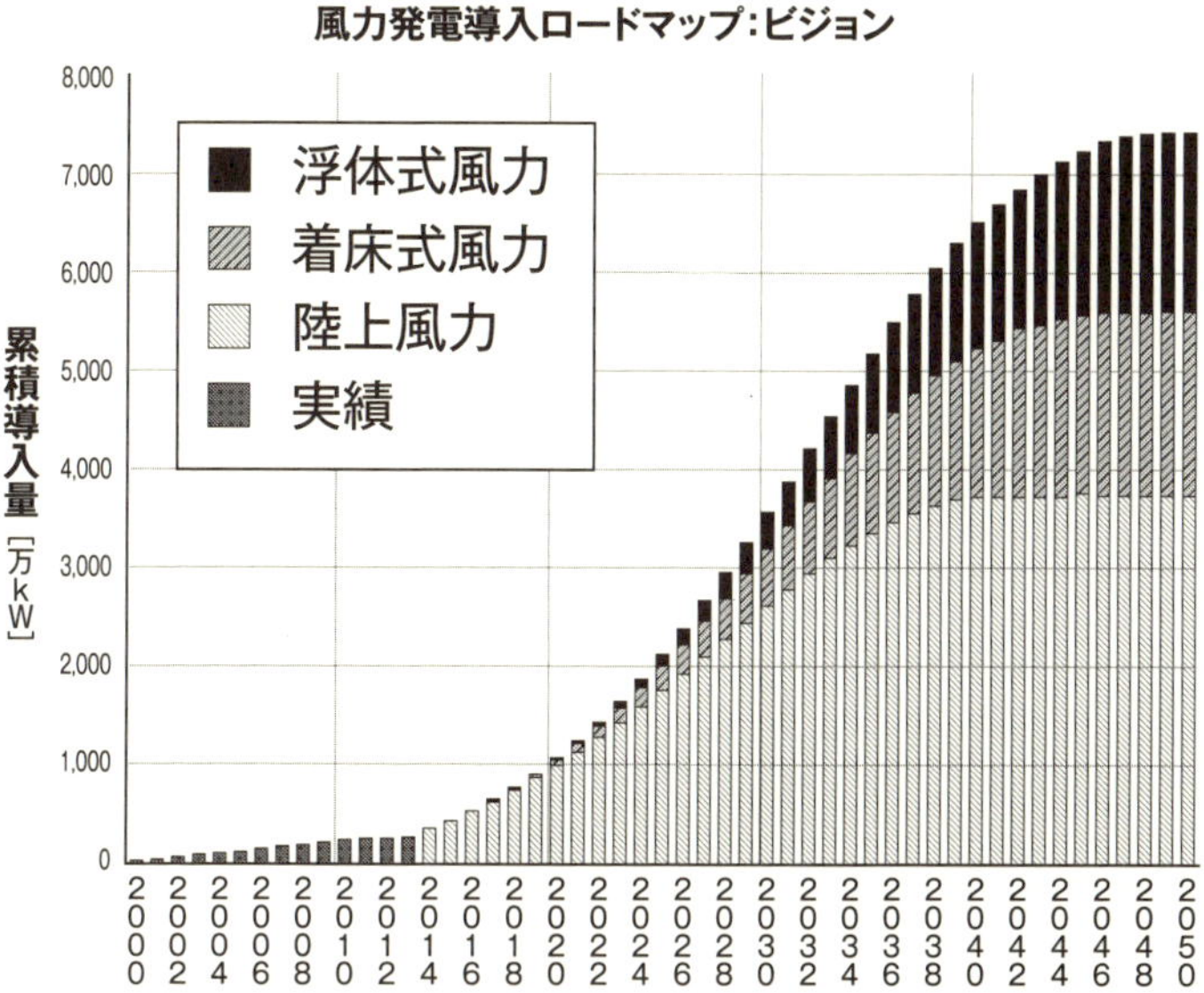

図2

	風力発電導入実績と導入目標値［万kW］				発電電力量［億kWh］
年度	合計	陸上	着床	浮体	
2010	248	245	3	0	43
2020	1,090	1,020	60	10	230
2030	3,620	2,660	580	380	810
2040	6,590	3,800	1,500	1,290	1,620
2050	7,500	3,800	1,900	1,800	1,880

要である。

風力発電事業者や関連事業者が主体となっている日本風力発電協会ＪＷＰＡでは、二〇五〇年までに75GWを導入し、国内の電力需要の20％を風力発電で賄うという、前頁の図2に示すような将来展望のロードマップを描いている。

暴れる風とどう付き合うか

人間社会はさまざまなかたちで風と関わってきたし、歴史とともにそのかかわり方も多様化し、場合によっては深刻な影響を被ってきた。現代に至っても、世界各地で強風や暴風による災害は毎年のように起きている。まさに、「被造物のすべては、今に至るまで、ともにうめき、ともに産みの苦しみをして」（新約聖書・ローマ人への手紙8章22節）いるのである。風力発電にとっても、この暴れる風をいかに制御するかが問題となる。

まず、台風などの強風に対する風車側の対策について調べてみよう。風車は風車回転面方向から風を受けるアップウィンド形と、風車後方から風を受けるダウンウィンド形に大別されるが、大型風車では圧倒的にアップウィンド形が多い。風力発電装置は、自然風の中で回ることになることから、図3に示すように、風の強さを検知する風速センサーの信号に対応して自動的に羽根（ブレード）の角度を変え回転速度を制御したり、台風のような強風時には安全確保のために風車を停止（カットアウト）したりする。

　これまで風力発電の市場は、一九八〇年代から、欧州（スペイン、ドイツ、デンマーク、オランダ等）や米国等の、風況が良く平地が多い地域を中心に、政府の支援策を背景として導入を拡大してきた。しかし、その後、①欧州における陸上風力の飽和、②中国

図3　風車ブレードの可変ピッチ機構と風車のパワーカーブ

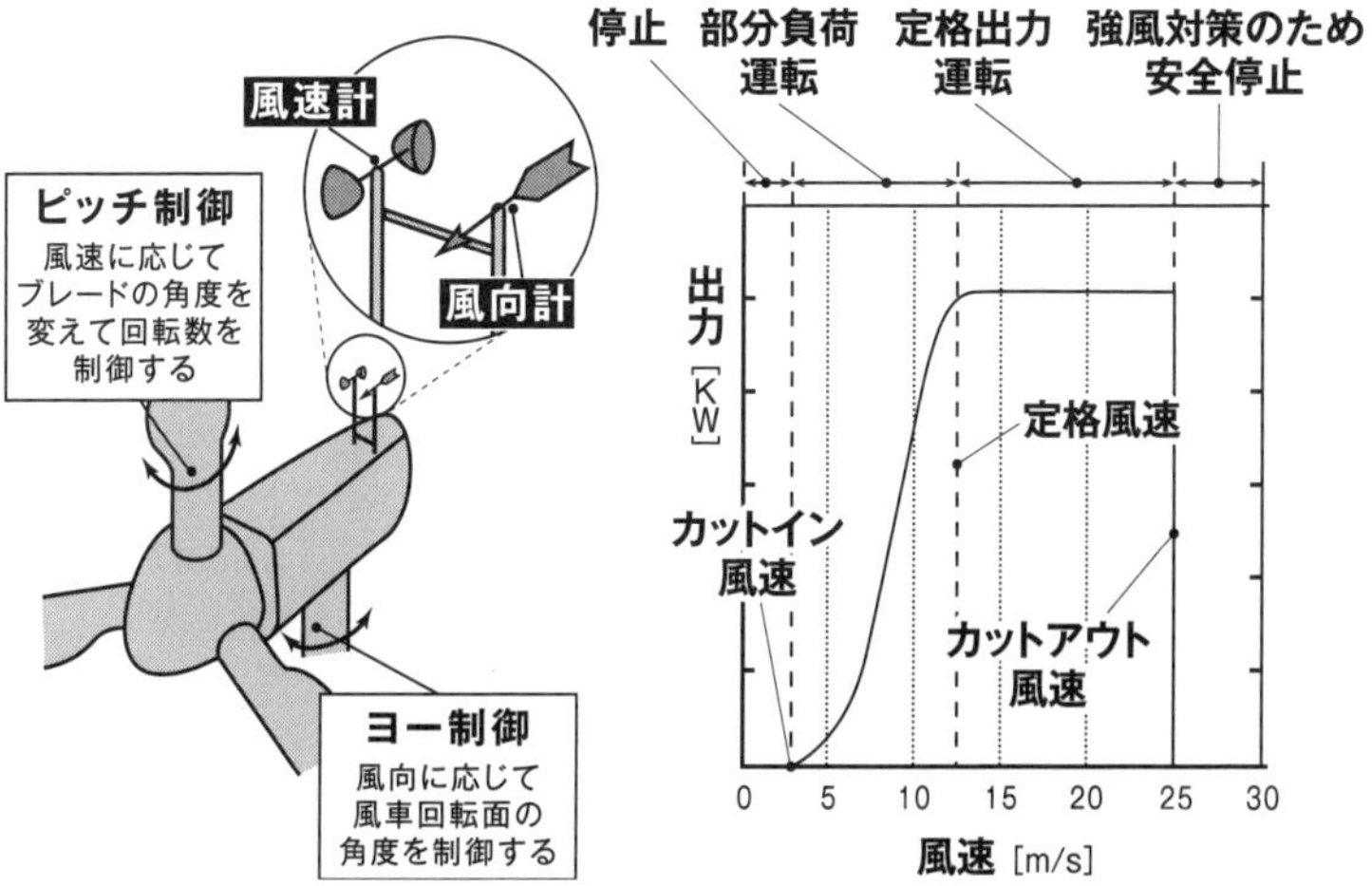

での公共事業としての大規模開発を受け、近年ではアジアにおける導入割合が増加してきている。

一方、わが国においても、二〇〇三年から政府の風力発電導入支援補助金により、風力発電の導入を図り、年間0・2～0・3GW規模で徐々に導入拡大が図られてきた。欧米諸国と比較すると、わが国では①年間平均風速が低く、風況の良い地域が限られることや、②地元調整、農林地開発等に伴う土地利用規制対応、系統制約への対応等の課題、③風力発電が立地可能な平地が少ないこと等に伴う高額な建設費用、④固定価格買取制度の開始とともに風力発電が環境影響評価法の対象となったこと等の課題により、欧州や米国ほど急速な風力発電の導入は進んでおらず、わが国の風力発電導入量は、二〇一七年末時点で累積3・4GWに留まっている。

また、導入風車の国際電気標準会議IECにおける風力クラスを見ると、欧州、北米、アジアともに、基準風速（極値風速に対する設計基準）、年平均風速が低い規格での導入割合が増加傾向にある。これは、風の強い風況に恵まれたエリアには優先的に風車が設置され、残されているやや風の弱いエリアに適した、同一定格出力でも風車直径の大きい低風速域用風車の開発が進んだことが原因と考えられる。しかし、アメリカではハリケーン来襲エリアがあり、アジア地域には台風、インドやオーストラリアにはサイクロンのような強風が頻発する強風エリアもあることから注意が必要である。ちなみに国際電気標準会議ＩＥＣの風車基準は十分間平均風速でＩＥＣ–Ⅰ50ｍ／ｓ、ＩＥＣ–Ⅱ 42・5ｍ／ｓ、ＩＥＣ–Ⅲ37・5ｍ／ｓ の三クラスに分けているが、日本では離島や山岳地などで、十分間平均風速で50ｍ／ｓを超えるサイトもあることから、経済産業省では、ＩＥＣ–Ⅲの基準に加えてＩＥＣ–Ｔ 57ｍ／ｓ というＴクラスをＩＥＣに提案し、これを用いるようにしている。

また、風車の設計要件規格についても取り組んでおり、日本工業規格ＪＩＳの風車規格では、ＩＥＣの規格に加えてさらに高い風速や乱流パラメータのクラスを設けている。この高風速対応の風車は日本同様、台風やサイクロンの来襲する国々でのニーズが高いと思われる。

ここで、強風を生み出す熱帯低気圧について明らかにしておこう。激しい大雨にものすごい高波、そして荒れ狂う暴風で特徴付けられる、激しい破壊力を持つ熱帯低気圧は、熱帯地方の温暖な海で発生し、アメリカではハリケーン、オーストラリアやインドではサイクロン、東南アジアや日本ではタイフーン（台風）と呼ばれている。熱帯低気圧の構造は、海面から塔状に発達し続ける一群の雷雲が、温かい熱帯の海からエネルギーを吸い上げており、空気は発達中の熱帯低気圧の中心（目）に向かって、北半球では反時計回り、南半球では時計回りに渦を巻き、中心に近づくほど風速が大きくなる。中心付近に達すると、空気は豪雨を伴いつつ渦を巻いて上昇し、目を取り巻く壁雲を形成する。上層部では、空気は中心から外側に向かって渦巻いており、中心（目）部では風雨は穏やかである。

熱帯低気圧の発生しやすい条件を備えた地域は、緯度が5度から15度の、赤道からやや外れた地域である。この地域はコリオリ（コリオリの力は回転座標軸における慣性力によるもので、地球表面上では緯度により異なり、北極付近では小さく、赤道付近では大きくなる）の力が強く働くため、熱帯低気圧の回転が加速され、海水の温度も26℃を超えている。いったん発生すると、その勢いは数日から数週間も持続し、その後、極地方に向かって移動したり、上陸して陸地を通過したりして、破壊的な被害をもたらすことがある。毎年、およそ八十個発生しているうち、東南アジアやアジア南部周辺が最も多く約三十五個、南北アメリカ大陸周辺で約二十五個、残りはインド南部から太平洋地域にかけての地域で発生している。これらの熱帯低気圧が発生しやすい時期は、北半球では六月から十一月にかけて、南半球では十一月から五月にかけてである。

熱帯低気圧（ハリケーン、タイフーン、サイクロン）は、自然界で最も破壊力のある気象現象の一つであり、ハリケーンの場合には風速が３００キロメートルに達することもある。風力だけ見ると竜巻（トーネード）のほうが強いこともあるが、竜巻の場合には風が何時間も続くことはほとんどない。これに対し、熱帯低気圧は何週間も持続することがある。熱帯低気圧による被害は、ごく軽微なものから完全な破壊までさまざまであり、最も甚大な被害は、高潮による水害によるものが多い。高潮は熱帯低気圧が入江や島など沿岸の地形に接近すると起こる。高潮の高さや被害の大きさは、海岸沿いの海底の傾斜によっても異なることから、島嶼《とうしょ》や沿岸部の住民は、陸上と海底の地形を理解していることが必須である。熱帯低気圧は、上陸後は低気圧となって突風や降雨をもたらし、内陸部では豪雨となったり洪水を引き起こしたりする。

熱帯低気圧は古くから記録されており、よく知られているのは文永の役（一二七四年）で侵攻に失敗したモンゴル軍が弘安四年（一二八一年）六月に、千隻もの大艦隊に五万の兵、三万五千隻という輸送用の小舟に兵士と輜重兵《しちょう》（兵站《へいたん》を担当）十万人を乗せ、壱岐の沖に集結し、博多湾に攻め寄せた弘安の役である。日本軍はこれを海岸線に迎え撃ち、六週間もの戦いの中で、モンゴル艦隊に台風が襲いかかり、沈んだ船四千隻、溺れ死んだ者十三万人というすさまじい結果となったのである。これを「神風」というが、モンゴル軍の来襲に合わせてタイミングよく神風が吹いたのではなく、日本軍が必死の抵抗をして六週間も上陸させなかった結果として神風（台風）に遭遇することになったのである。

明治以降の台風被害は、一八八四年（明治十七年）の明治期最大の台風では九州から東北地方まで被害が及び、死者一千九百九十二名、倒壊家屋四万三千八百九十四戸、大小船舶の沈没六百二十隻という大被害であった。一九一〇年（明治四十三年）八月には二個の台風が相次ぎ上陸し、関東地方では河川の氾濫が各地で発生し、全国で死者・行方不明者一千三百五十七名に達した。

一九一一年（明治四十四年）には、強い台風が東京湾西方を通り、東京湾に高潮を発生させ、最高潮位25メートル、死者は関東で百二十名に達した。一九一七年（大正六年）十月の「東京湾台風」では、東京湾で史上最上級の潮位3・1メートルの高潮被害が発生し、東京旧市内の死者・行方不明者五百九名に達した。昭和に入ると、一九三四年（昭和九年）九月の「室戸台風」では、当時世界最低の低気圧（中心気圧911hPa＝ヘクトパスカル）、最大瞬間風速60m／sが室戸に上陸し、淡路島、神戸から富山湾に進んだ。通信途絶で防災機関に情報が伝わらなかったことが災害を大きくした。死者・行方不明者は三千三十六名を数えた。大阪の一千八百八十八名のうち、小中学校の倒壊で児童・生徒・職員の死者は六百九十四名を数え、社会的反響を巻き起こした。

さらに、占領下にあった昭和二十年代前半には次々に大型台風が来襲し、戦争による山林の乱伐、治水の放置が国土を荒廃させ、水害を激化させた。一九四七年（昭和二十二年）九月のキャサリン台風は房総半島から三陸沖に抜けたが、前線と台風が重なり利根川や北上川流域では大水害も発生して死者・行方不明者一千九百三十名を数えた。一九四八年（昭和二十三年）九月のアイオン台風は、キャサリン台風と似た経路をたどり、死者・行方不明者は八百三十八名であった。これらの相次ぐ被害により、一九四七年には「災害救助法」、一九四八年には「消防法」、そして一九四九年には「水防法」が公布された。

一九四九年にはデラ台風とキティ台風、一九五〇年にはジェーン台風、一九五一年にはルース台風と毎年のように強い台風が来襲している。特にジェーン台風は室戸台風と似た経路をたどり、死者五百八名という室戸台風以来の大災害となった。

その後、一九五四年（昭和二十九年）五月に北海道を襲った、気象学者に「メイ・ストーム」と呼ばれる猛烈な低気圧は、死者・行方不明者四百六十一名、船の沈没三百四十八隻という大惨事を起こした。そして、同年九月の「洞爺丸台風」は函館港外で青函連絡船「洞爺丸」ほか四隻の貨物船を同時に転覆・沈没させ、日本海難史上最大の死者一千四百三十名を出した。沈没・流出などの船舶被害は五千五百八十一隻に上り、北海道岩内町では大火が発生している。

さらに、二十一世紀に入ると、情報技術の進歩もあり気象予測の精度は高まったものの、地球温暖化の影響で海水温が上がったこともあり、台風の頻発、さらには豪雨も相俟って年々気象被害が甚大になっているのが実情である。その対策は、迂遠のようであるが、自然エネルギーの積極的導入を行うとともに、地球温暖化の原因である化石燃料の利用削減により、二酸化炭素の排出量削減が必須である。さらに、森林の間伐など保全を行い樹木をしっかり根付かせて、山の斜面からの土石流を防ぎ、洪水防止を行うことも望まれる。

参考文献

1　牛山泉『さわやかエネルギー風車入門』三省堂（2004）
2　牛山泉『風と風車の話』成山堂（2008）
3　『新しい国語　6年（下）』東京書籍（2010）
4　日野原重明『明日をつくる十歳のきみへ〜一〇三歳のわたしから〜』冨山房（2015）
5　宮澤清治編『台風・気象災害全史』内外アソシエーツ（2008）

6 水の力

そもそも「水」という存在とは?

私たちにとって水と空気はきわめてポピュラーなものであり、多くの人が水の化学式がH_2Oで表されることを知っている。古代ギリシャの時代、この世のすべての物質は、水・空気・土・火の四元素からできていると考えられていた。その後、四元素に加えて、天界を構成する元素とみなされた「エーテル」を含めて五元素と考えたこともあったが、この考えは十八世紀末まで続いた。一方、仏教の術語でも、万物の構成要素は「水、風、地、火」の四つの元素とされ、これを「四大種」とも言う。さらに、これに「空」を加えて「五大種」という場合もある。このように元素説の中にはいつも水は含まれていたのである。今では、水は水分子からできていて、一つの水分子は水素原子二個と酸素原子一個が結びついていることが分かっており、水素原子はH、酸素原子はOという元素記号で表されるので、水分子はH_2Oと表記されるわけである。

この酸素と水素の化合物である水は、常温では無色、無臭、無味の液体である。天然には海水、湖水、河川水、井水、温泉水、雨、雪、氷、水蒸気、のような形で多量に存在する。融点は0℃、沸点は100℃、比重は1・000（4・08℃）、また、融点、沸点、気化熱などの値は、硫黄、セレンなど酸素の同族体の水素化合物に比べて著しく大きい。比熱や潜熱も大きく、表面張力は水銀の次に大きい。これらは水の分子が強い極性を持つので分子間に強い水素結合が生じ、水分子の会合が起きて擬結晶構造をとることが原因とされている。また、水は種々の物質を溶かす能力が高い液体である。塩化ナトリウムやショ糖は水に溶けて透明な液体になるが、これは塩化ナトリウムやショ糖がばらばらのイオンや分子に分解され、水の中に均一に分散したためである。この現象を「溶解」といい、生じた混合物を溶液、また、溶かすほうの液体を溶媒、溶けるほうの物質を溶質という。

水は生命の維持に不可欠な物質であるが、間接的にも食料（農水産物）の生産、気候の調節、自然界における輪廻に基づくエネルギーの蓄積などを通じて人間の生活を支えている。日本は世界有数の多雨地域である「アジアモンスーン地帯」に位属していることから、年間降水量は約1800ミリメートルにも達し、ときには夏季に水不足になることはあっても、一人当たりの水資源量はある程度確保されている。一方、日本の食料自給率は低く40%を切っているが、輸入している大量の農作物には、生産国の水資源が大量に消費されている。つまり、農畜産物を輸入するということは、間接的に水を輸入していることになるのである。これを「バーチャルウォーター」（仮想的な水）と言うこともある。具体的に農業や畜産業で必要な水は、小麦や大豆では可食部の重量あたり約二千倍、米だと五千倍、また、鶏や豚では精肉比に対する重量比四千~五千倍、エネルギー効率の悪い牛では約二万倍もの水が使われる。大量の水を使って作られる農産物ばかりでなく、大量の水を使う工業製品、木材などを日本は世界中の国々から輸入しているのである。

日本のカロリーベースの食料自給率は、一九六〇年代初頭には80%もあったものが、その後減少を続け、二〇〇〇年には40%になり、二〇一〇年以降は39%前後で推移している状況である。これは主要先進国中最低の水準である。さらに、日本の仮想水輸入量は年間

745億トンで、世界で一番多く、国民一人あたりでは約600トンにもなる。一方、直接的な水利用は国民一人当たり、生活用水130トン、淡水の工業用水110トン、農業用水460トンで、合計700トンになる。先進諸国では国民一人当たり年間1000トンの水が必要であると言われているが、日本は直接的な水利用700トンに加えて仮想水600トンで、合計1300トンであることから、日本人は多量の水に支えられていることが分かる。

このような背景から、世界銀行からは「二十世紀は石油を巡る戦争の時代であったが、二十一世紀には水を巡る戦争が起きるであろう」と警告されている。世界銀行の報告書では、世界人口の約四割に当たる二十億人以上が恒常的な水不足に直面しており、水質の汚染で十億人が安全な飲料水を確保できていないという。主因は人口増加や経済成長に水資源の開発が追いついていないことである。

世界銀行の報告書以後、水が直接の原因での戦争は起きていないものの、二か国以上を貫流する国際河川をはじめとして、水の取水、水質管理、洪水などの問題が起きている。特に乾燥した中東地区では「水の一滴は血の一滴」と言われるほどで、古来、水を巡る争いが続いてきた。ヨルダン川は、レバノン、イスラエル、シリア、ヨルダンの四か国を流れる国際河川で、一九四八年のイスラエル建国以来、アラブとイスラエルとの間でたびたび、いわゆる「中東戦争」が行われ、一九八七年の第三次中東戦争で勝利したイスラエルは比較的雨の多いシリアから奪ったゴラン高原、ヨルダン川西岸地域などの水源地帯を占拠し、水資源を確保している。その結果、ヨルダンは水資源が地下水のみとなって危機的な状況に陥り、一九九四年には米国の仲介で建国以来の対立関係を解消し、イスラエルから水の配分を受けることになったものの、渇水時にはイスラエルは自国への配分を優先するため、管理権を持たないヨルダンは水不足の不安に脅かされている。

人類の歴史と水の恵み

創世記の初めにも、「神の霊がその水の面《おもて》を動いていた」（1章2節）とあるように、聖書には水に関する記述が多い。かつて史上初めて宇宙飛行に成功したソ連（現ロシア）の宇宙飛行士ガガーリンは、「地球は青かった」と、宇宙から見た地球の感想を述べているが、宇宙から見た地球は陸地の二倍以上、地球の表面積の約70%の青い海が輝いているのである。地球上の水の量は莫大なため測定はできないが、海の平均の深さが4000メートルもあることから、1兆トンの百四十倍程度にもなるといわれている。海から蒸発した水蒸気は、その90％近くが直接海上に降り、残りの水蒸気は風によって陸地に運ばれ、淡水の雨や雪として地上に降る。この淡水が農業、工業、発電、生活用水として利用されることになる。地上に落下した水の約65％は蒸発して大気中に戻り、残りの一部が地中に浸透して地下水となり、地中をゆっくり流れて河川や湖沼に行くか、泉となって現れることになる。地下水が滞留する時間は、地域や深度によっても異なるが、平均して八百年程度にもなるという。雨や雪は、地表を流れて直接河川に入る分もあり、地表からさまざまな物質が溶け込んだ河川は、最終的に海に到達する。そして、再び海から蒸発し、約十日から十五日で雨や雪として地表に戻ってくることが繰り返されている。

この水の循環は、地表の温度調節の役割も果たしている。水は蒸発するとき、周りから多くの気化熱をうばい、逆に水蒸気から液体に凝縮するときには周りに熱を放出することになる。そのおかげで、地表では極端な温度変化が起こらないようになっているのである。水のきわめて少ない砂漠では昼夜の寒暖の差がきわめて大きいことを考えても、水の果たす温度調整の役割を理解できる。

ここで水と人類文明の歴史について考えてみよう。農耕と牧畜による定着村落生活は、まずティグリス・ユーフラテス両川の下流流域であるメソポタミアの南部でシュメール人により始まったという。丘陵や高原地帯での天水による農業が始まり、次第に平野部での川の水を利用する灌漑農業に移行し、川沿いの肥沃な沖積平野がきわめて高い農業生産を可能にしたことから、人口増大をもたらしたのである。彼らは、紀元前三五〇〇年頃に都市国家を形成し、人類最古の文明を開花させた。この西アジアに起こった農耕と牧畜の文化は、エジプトのナイル川流域にも伝播し、エジプト人は古代エジプト文明を形成した。また、インダス川流域にも紀元前二五〇〇年頃に文明が形成されている。これら三つの文明は相互につながりがあり、それぞれの風土に適した国家および文明を形成していった。一方、東アジアの中国の黄河流域でも、紀元前一六〇〇年頃に都市が発生し、高度な文明を持つ都市国家へと発展した。このようにして温暖で肥沃な大河地域に世界の四大文明が成立したのである。

これらの文明の発生した地域に共通の特徴は、まず豊富な水量の川があり、その流域には豊かな森林地帯が存在し、人々の燃料や建築材料にする木材が十分にあったことである。中東は今でこそ砂漠地帯であるが、メソポタミア文明が栄えた頃には樹木が生い茂り、レバノンの杉の森林が広がっていたのである（詩篇29篇5節、列王記第一5章6節）。

ソロモンが神殿を建てるときには、イスラエル国内から三万人の森林伐採要員を徴募した。一か月交代で一万人ずつレバノンに送り込み、ツロ王ヒラムの協力により、レバノンの香柏の材木と糸杉の材木を切り出し、レバノンからいかだに組んで海路をイスラエルまで運んでいる（列王記第一5章8〜14節）。ところが、文明の繁栄は人口増加をもたらし、樹木が次々に伐採され、あの中東の土地が砂漠になってしまったわけである。これは黄河流域でも同じであった。

現在の黄河流域には森林が5％しか存在せず、その他は荒涼たる不毛の砂漠になっているが、今から三千年前の黄河流域には古代文明が栄えていた。その頃にはこの大河の流域の80％が森林地帯であったという。それが一千五百年前には森林率が15％になり、現在はたった5％になってしまったのである。これは気候変動が原因ではなく、人間の活動の結果である。紀元前二〇〇年代の秦の始皇帝の築いた万里の長城に使った膨大な数のレンガを焼くためにも、黄河流域の森林が大量に伐採されたはずである。

このように大河の流域の森林、つまり水と木質バイオマスが古代文明を支えてきたのであるが、これについては「生物の力」として後に述べることにしよう。

水の利用　これからの可能性

日本はこれから人口減の時代に入っていく。人口が減れば国力が落ちる。いずれも牧師の娘であるメルケル首相のドイツと、メイ首相の英国では取り組みが異なっているが、欧州ではこれを移民によって補ってきた国も多い。日本は歴史的な観点からも移民は増加せず、人口漸減が続き二〇五〇年には一億人を切って九千七百万人ほどになると予想される。しかし、これから再生可能エネルギーが中心の時代になると、人口減はむしろ歓迎すべきなのかもしれない。現在、日本のエネルギーは化石燃料を中心としているが、埋蔵量の枯渇が必然的に訪れる。原子力発電は安全性も放射性廃棄物も課題が山積である。一方、地球温暖化の国際会議を見ても、特に二〇一五年末の国連気候変動枠組条約21回締約国会議で結ばれたパリ協定では、化石燃料の時代から再生可能エネルギーの時代へと転換する時代が到来したことを世界が実感した。世界は確実に再生可能エネルギーを中心とする方向にエネルギー政策を転換しつつある。

日本が、持続可能な未来社会を構築していくには、エネルギーの過半を占めている化石燃料を大幅に減らし、再生可能エネルギー中心に移行せざるをえない。しかし、人口減少により、一人当たりが使えるエネルギー量にはさほど影響しない。日本の再生可能エネルギーのポテンシャルは洋上を含めた風力が圧倒的に大きいが、現実的には既存のダムを有効利用する水力発電から始まるであろう。

前述のように、日本のダムの潜在的な発電能力を引き出せば、水力発電により電力の30%程度まで自給可能である。これには竹村公太郎氏の言うように三つの方策がある。第一に多目的ダムの運用方法を変更すること。これによりダムの空き容量を発電に利用できることになり、これにはほとんどコストはかからない。第二に、既存のダムを嵩上げすることで、これにより新規ダム建設の三分の一以下のコストで既存の発電ダムの能力を二倍近くに増大できる。このように既存のダムを利用して発電量を増やすことは、低コストで実現可能である。第三に、現在は発電に使われていないダムを発電に利用することである。

これとて建設コストは過去に支払い済みなのであるから、ダム新設のコストと比較すればはるかに安くすむ。これらに加えて、さらに中小水力発電を考えるわけである。

エネルギー関連の文献には、水力発電は火力発電や原子力発電と比べて割高であると記されている。しかし、水力発電はダムの建設など初期投資がすべてで、年を経るごとに発電コストは安くなっていく。燃料費は全くかからない。他方、火力発電や原子力は継続的に燃料費が必要であり、温室効果ガスを発生する。さらに放射性廃棄物の処理など未解決の課題を抱えたままだ。水力発電の初期コストはすでに支払い済みであり、寿命は百年にも達するのであるから、水力は最も安い電力なのだ。

各種の発電方法を設置したときに投入したエネルギーに対して、その設備の寿命までにどれだけの電気エネルギーが得られるかというEPR（エネルギー利益率）を調べてみると、原子力が17・4でトップ、僅差の二番が水力発電で15・5、三番が石油火力の7・9、太陽光は0・98と1を割っている。ちなみに、この日本経済新聞の調査は東日本大震災以前のものであるから、原子力発電の安全性を厳密に考慮すればきわめてコストがかさむことは自明であり、さらに百万年以上にわたって放射性廃棄物を管理することを

都道府県別包蔵水力（上位10都道府県）

わが国の年間降水量は1,800㎜ほどで、世界の年間降水量の約2倍となっているが、日本列島は南北に長く中央部に山脈がそびえていることから、地域・季節によって降水量には大きなひらきがある。わが国の包蔵水力は日本アルプスを中心とした本州中央部に多く分布している。

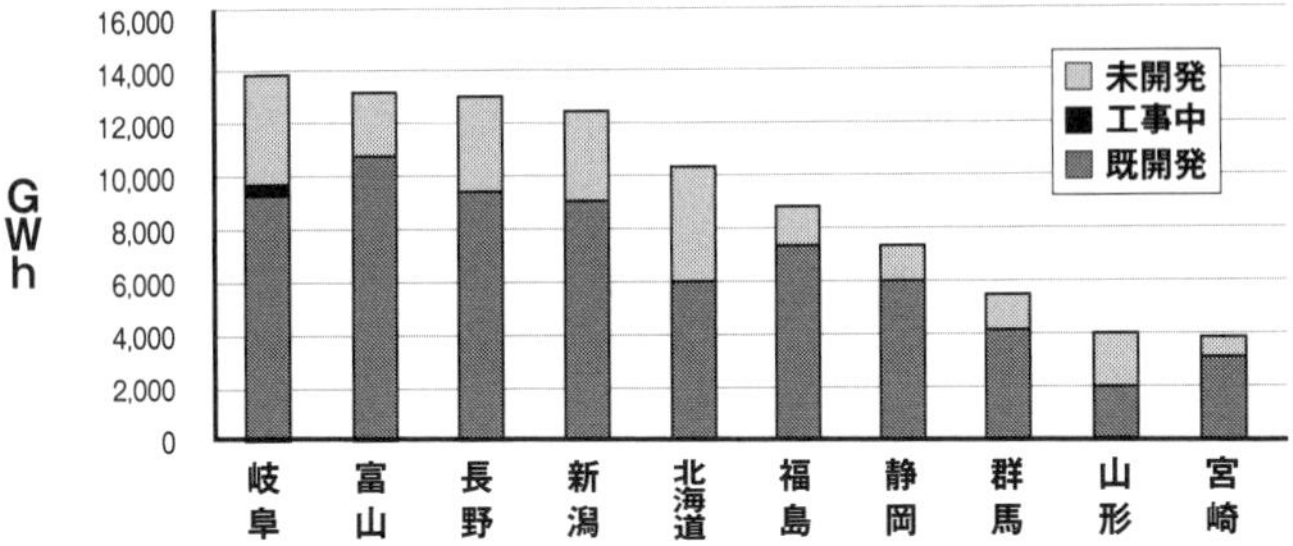

図4

考えると、現在では原子力のトップを信じる人はどこにもいないであろう。

日本には大小合わせて三万本もの河川があり、図4に示すように、日本にはまだ包蔵水力は十分にある。巨大なダムを必要とする大規模水力発電は無理でも、小規模水力発電は簡単にできそうであるが、なかなか開発が進まない。その最大の原因になっているのが、水源地域の住民の方々との合意形成の難しさである。小水力発電を行おうとする事業者が、地元から理解を得ようとすると、かなりの時間がかかるのだ。その背景にあるのは、河川をめぐる地元の感情と法的権利のギャップである。法的には、川の水は国が管理することになっており、水だけでなく川岸の土地も、国や地方自治体の管理下にあり、公有地である。しかし、江戸時代までは川の権利を巡って流血の争いまであったほどで、維新後に川の土地と水の管理は国が行うことを法律で決めたのだ。「流れのほとりに植えられた木。……そのなすことはすべて栄える」（詩篇1篇3節）とあるように、昔から川を守り、川と共に生きてきたのは川に面して生活してきた人々である。したがって、これからの小水力発電は、水源地域を犠牲にするのではなく、逆に水源地域のために開発を行い、その利益は水源地域に帰属するという発想の切り替えを行うことが必須である。デンマークの風力発電も同じように、風力発電所の近隣の住民に株の公開を義務付けるなどして事業の当事者となってもらっているのである。

暴れる水とどう付き合うか

日本は降水量の多いアジアモンスーン地帯の北限に位置し、中東や地中海沿岸地方のように水資源が不足することは少ない一方、台風と集中豪雨で各地に大きな被害が出ることが多い。日本列島は狭いうえに、その七割が山岳丘陵地で、日本列島の真ん中には脊梁山脈が走っているから、川は急流で海までの距離が短い。平野部はわずか三割に過ぎず、かってそこは洪水の恐れのある湿地帯であった。豪雨、台風、雷雨などによる多量の降雨が原因となって生じる災害を「水害」と呼んでいる。川の水が溢れる「洪水」、家屋や店舗などが水浸しになる「浸水」、田畑や作物が水浸しになる「冠水」、土石流、山崩れ、がけ崩れなどの被害がこれに含まれる。洪水発生の一番の原因は豪雨である。日本は、夏の台風や梅雨をはじめとして、低気圧や前線に襲われることが多く、一時的に大量の雨が集中することになる。また、日本では宅地開発の進行も洪水を誘発しやすくしているといえる。森林や水田は雨水をいったん蓄えて少しずつ川に流すという効果を持っているが、森林や水田が宅地に変わることによって、水を蓄える役目がほとんどなくなり、地面が建物や道路の舗装面に覆われて、雨水が地下に浸み込むことができなくなると、降った雨のほとんどが短時間で川に流れ込み、洪水を引き起こすのである。対応策としては、防災調節池で雨水を貯留したり、浸透施設により雨水を浸透させたりしている。

地形がなだらかで雨が穏やかに降る地域では、降った雨は大部分がいったん地中に浸み込んで地下水となり、ゆっくり川に流れ込む。そのため川の水は、雨が降っている時でも降らない時でも同じように流れている。ヨーロッパの川はほとんどがこのような川である。アメリカのミシシッピ川や中国の黄河、あるいはブラジルのアマゾン川などの大陸の大河は、水源から海まで何か月もかかって流れる。一方、日本の川は、日本列島の中心の脊梁山脈から急な斜面を流れ下ってきて、一気に海に流れ込むことになる。日本の川では雨が降ると川を流れる水の量は一挙に増え、急流となって数日でその大部分が海に戻ることになる。したがって、大量の雨が降ると洪水の恐れが一挙に高まる。一方、雨が降らないと渇水になる恐れもある。ヨーロッパの川を見慣れた人にとっては、日本の川は流れが急であることから、明治時代にオランダから日本にやってきたお雇い外国人技師のデ・レーケは「日本の川はまるで滝のようだ！」と言った、という話が伝わっているほどである。

この急流の勢いを抑えたり、山に降る一時的な豪雨により山の土砂が渓流に流れ込んだ時にこれを抑えるのが砂防ダムである。日本には十七万か所以上もの土砂災害危険個所があり、土砂災害は天然林に比べて樹齢二十年以下の人工林では特に崩壊が起きやすいと言われている。豪雨時の土砂を含んだ濁流にはすさまじい力があり、巨大な岩をも押し流してしまう。岩がそのまま流れ下っていくと勢いがついて、流域の橋を破壊したり、下流の住宅地に被害を及ぼすことになる。土石流が危険なのは、流れに乗った土砂や岩はどんどんエネルギーを増してしまうからで、これを防止するために砂防ダムは同じ流域にいくつも造られることが多い。こうして何度も土砂や岩のエネルギーを減殺し抑制することによって、下流での被害を防ぐわけである。つまり砂防ダムは、治水が目的のダムなのである。このほかに、水力発電用や農業用水確保のためのダムもある。

意外なことであるが、あの東日本大震災の時に、東北の各地は震度七や六強という激しい地震に見舞われたが、壊れたダムは皆無であった。地震国日本では、明治以降も頻繁に大きな震災があったにもかかわらず、全国に何千とあるダムが壊れた例はないのである。鉄筋の入った超高層ビルや高速道路の高架、橋梁などはいかに強固に見えても時間とともに小さなひび割れから侵入した水により鉄筋が錆びて劣化して壊れるのに対し、ダムのコンクリートには鉄筋がないために劣化がなく、ダム全体が地下の岩盤と一体化した天然の岩のようになっているからである。

過去の日本の土木技術の実績を振り返って、謙虚にこれを実践することが重要である。

参考文献

1　竹村公太郎『水力発電が日本を救う』東洋経済新報社（2016）
2　左巻健男『水の常識ウソホント』平凡社（2015）
3　竹林征三『風土工学誕生物語』ツーワンライフ出版（2016）

黒田如水の水五則

織田信長、豊臣秀吉に仕えて武将として智謀を揮《ふる》い、関ヶ原以後は徳川家康につかえた有能な黒田孝高《よしたか》（あるいは如水）は、キリシタン大名（洗礼名ドン・シメオン）としても知られている。よく知られた如水の「水五則」あるいは「水五訓」を以下に示す。

　みずから行動して他を動かしむるは水なり
　常に己の進路を求めてやまざるは水なり
　障碍に遭いてもその勢力を百倍するは水なり
　みずから潔くして他の汚れを洗い清濁併せて容るるの量あるは水なり
　洋として大海を充し、発しては蒸気となり雲となり雪に変し霞と化し、凝りては玲瓏《れいろう》たる鏡となり而《しか》もその性を失わざるは水なり

なお、この「水五訓」の作者については、老子であるとか、王陽明、太田道灌であるとか、いくつかの説があるが、黒田が「如水円清」と名前を改めていることもあり、ここでは一般に伝えられている黒田如水の言葉とした。

7　火の力

そもそも「火」という存在とは？

人類にとって火は身近なものであり、火という言葉の使われ方をとってみても、木や油が燃えている燃焼現象を表す場合、溶鉱炉の中のような、火の役割をするものや火と類似したものを指す場合、調理で「火を通す」など火と関連しているが、本来の火の意味とは異なる意味を持たせる場合、火の持つ激しい特性を概念的にとらえて「火急の～」などと形容するものなど、多くの使い方がされている。

芸術の世界においても、火は表現素材として広く用いられてきたし、その視覚上の効果についてはだれもが日常生活から承知していることである。文学は、火の情景を言語によって表現する手段を多く作り出し、特に詩的表現では、火を単に即物的に再現するのみでなく、イメージとしての火は現実をはるかに超え、花火、ろうそく、焚き火、火山など多彩で、グリム童話、アンデルセンの『マッチ売りの少女』、マーガレット・ミッチェルの『風と共に去りぬ』、歌舞伎の『娘道成寺』、三島由紀夫の『金閣寺』、津波の実話を元に防災教材としても用いられた『稲むらの火』など、火の情景を言語によって表現する手段を多様に作り出してきた。

その理由は、燃焼がきわめて複雑な複合現象であること、現象が高温かつ急激であるため、高度の測定技術を必要とすること、さらに一定の温度に達すると急に着火したりして予測が困難なこと、などであろう。

人類の歴史と火の恵み

人類はいつ頃から火を使ったのであろうか。考古学の研究によると、最も古い火の使用例は一九二七年に北京郊外の遺跡で見つかったもので、今から約五十万年前の北京原人の住居跡の炉の中の灰、木炭、焼けた骨などから推定できるものであった。さらに、一九八一年にはケニアのチェソワンジャ遺跡で、人類の古い祖先と言われる猿人アウストラロピテクスの調査をしていた英・米の研究者が、百四十万年前の原人が火を使っていたと報告し、一気に九十万年も遡ることになって大きな話題になった。

人類が火を手に入れたいきさつについては、世界中に多くの神話があるほどである。よく知られているのは、ギリシャ神話のプロメテウスである。彼は天界の火を盗み出し、人間たちに火の保存法と使い方を教えたためゼウスの怒りを買い、コーカサスの岩山の頂上に磔になるが、このことから自然への恐れに対する挑戦者というモチーフも読み取れる。

日本の神話にも、イザナギノミコトと結婚したイザナミノミコトは、大八島《おおやしま》の国を生み、さらに神々を生むが、食物をつかさどる女神のオオゲツヒメノカミを生んだ後、物を焼く火力にちなむ「ひのやぎはやおのかみ」を生む。またの名を物の焼けるにおいにちなんだ「ひのかぐつちのかみ」ともいうが、この火の子を生んだため、やけどをして病の床に伏し、ついに他界してしまうのである。このほかにもインドネシアやニュージーランド、あるいはポリネシア諸島にも火に関する神話が残っている。

火の使い方を知った人類は、闇と寒さから解放されたのである。また、この火で食物を煮焼し、焚き火をして猛獣の来襲を防ぎ、さらに銅や鉄を精錬した。この大切な火を消さずに持続させるためには燃料を必要とするが、初めは火のつきやすい葦や藁、あるいは枯葉などを用い、その後は木材の時代が長く続いた。

「おじいさんは山へ柴刈りに……」という童話・桃太郎のおじいさんは、山へエネルギーを採りに行ったのである。さらに古くは、旧約聖書の創世記に、モーセの燃える柴の記事、ノアの箱舟にアスファルトを塗る、バベルの塔を焼いた煉瓦で造る、煙の立つかまど、薪を作る、青銅や鉄の刃物を鍛えるなど、紀元前二十世紀頃のエネルギー事情が記されている。モノが燃えるときにできる火は、太古の時代からいろいろな目的に使われてきたが、人類が火を利用し始めた頃の火のおもな用途は、食料加工のための加熱、夜間の照明、防寒のための暖房であった。これらの用途に火を使い出してから、人類の生活は急速に豊かになったと想像できる。

人間は火を使うことにより、生活を豊かにしてきた。火を使うための木や草を燃料として蓄えて利用することによって、必要なときに必要なだけエネルギーを使うことができるようになった。火を通して加工した食料により食事は豊かになり、住める地域が広がった。

その後、十八世紀の半ば過ぎまでに、火の用途は食品の加工から今日的な料理、あるいは軍事の技術に幅を広げてきた。強い火や弱い火を必要な時に必要なだけ持続して使用できなければ、思うような料理や加工はできない。陶磁器を思うような硬さや色合いに仕上げたり、丈夫な鍬や包丁や刀を造るのも火加減次第である。軍事面では，城の火攻め、鉄砲や大砲に使う火薬の燃え方も、国家存亡にかかわる重要な知識であった。

十八世紀末頃に起こった産業革命は動力源の革命であり、これは木炭から石炭への燃料転換でもあった。石炭を大量に効率よく燃焼させるには、どのような技術が必要で、どのような燃焼状況が発生するかを明確にする必要があった。この傾向は現在においても変わることなく、私たちの生活は火に関する先端技術に支えられている。

さらに、蒸気機関をはじめとするエネルギー変換の装置が発明され、火の利用価値が格段に高まって産業革命が起きた。エネルギー利用の革命であった。その技術は豊富な加工品をもたらし、移動可能な距離を伸ばすなど、現代の文明社会を築くのに役立ってきた。

燃焼の活用とその変遷

このように人類の火の利用の歴史はきわめて古く、人類の歴史と共にある。火は食物の調理、暖房、あるいは照明のための光源など、現代にいたるまで用いられてきたが、化学的な原理に基づいた技術的な発展は近代になってからである。近代以降、火を伴う現象は、強い光と発熱を伴う酸化反応として「燃焼」と定義された。人工的に火を発生させることは旧石器時代から行われてきたが、これは火打石による摩擦熱を利用するものであった。近代の化学の発達に伴って摩擦マッチ、黄燐マッチが作られ、最終的に安全マッチ（一八五五年）に至る。これによって日常生活における火の使用は非常に便利になったのである。

十八世紀に入り、特にヨーロッパにおいて産業が盛んになり、その発展に伴って多くの分野における科学技術の進歩があったが、燃焼の科学と技術の発展も同様であった。英国では十八世紀の初めにニューコメンが石炭の燃焼熱によって発生させた蒸気の力による水の汲み上げポンプを発明していたが、それをワットが改良して効率を飛躍的に向上させた蒸気機関を作り出した。これが石炭の炭鉱や織物工場における動力として広範囲に使用され、生産効率を大きく向上させた。さらに蒸気を高温高圧にして本格的に利用したのは、鉄道用蒸気機関車を作り出したトレヴィシック（一八〇四年）である。これらはいずれも燃焼による熱で高温高圧の蒸気を作り、その力を利用して動力を発生させるもので、外燃機関と呼ばれる。この技術は現在に至るまで発展を続け、ボイラーの技術や動力発生に往復動のピストンを用いたり、回転形の蒸気タービンを用いる技術として広範囲に使われている。

十九世紀に入り、産業の発展により原料や製品の輸送を陸上や海上経由で行う必要が生じ、蒸気機関を利用した鉄道用機関車や蒸気船が開発され、交通・輸送の手段として盛んに利用された。さらに十九世紀後半には中小規模の産業用や発電用、あるいは交通・輸送手段としての自動車用として、大きなボイラーを必要とする蒸気機関でなく、より小型軽量な原動機が求められるようになった。そこでシリンダ内で生成する燃焼ガスを作動流体とする内燃機関がいくつか提案された。特に、一八七六年のオットーによる4サイクル機関、一八八一年のクラークによる2サイクル機関、一八八三年のダイムラーによるガソリン機関、さらには一八九五年のディーゼルによる圧縮点火機関などが特記される。このように同時期に多くの内燃機関の提案がなされたことは、それだけ社会の需要が大きかったためといえよう。燃料としては、定置型機関には石炭の乾溜による都市ガスが、移動用には石油が用いられた。

特に自動車用ガソリン機関では、小型軽量の点火装置が要求され、これに対しては一九〇二年にボッシュにより点火用高圧磁石発電機が発明され、電気火花によるシリンダ内点火法が確立された。圧縮点火機関、すなわちディーゼル機関は、当初は微粉炭を燃料にするように設計していたが、微粉炭の燃焼が困難であったことから液体の軽油を用いることになり、高効率が達成できた。

科学技術が戦争により進歩することの例にもれず、二十世紀の二つの世界大戦を通じて燃焼の技術も大きく発展した。その技術に支えられ、ガソリン機関、ディーゼル機関に加えて、ガスタービンやロケットエンジンの性能が著しく向上した。

ガスタービンのうち航空用に用いられるものはジェットエンジンと呼ばれ、一九三〇年に英国のホイットルの特許により確立されたが、実際のジェット機の飛行は一九三九年にドイツのハインケルにより実現した。一九六〇年代以降は旅客機のエンジンの主力となった。ピストン式エンジンの燃焼が間欠的であるのに対し、ガスタービンの場合は燃焼室に噴射された燃料が連続燃焼しているのが特徴的である。また、ロケットエンジンは十三世紀に火薬を使った中国の火箭《かせん》という兵器が最初のアイデアと言われている。その後、一九二六年に米国のゴダードによる液体燃料ロケットが開発され、一九四四年にはドイツのフォン・ブラウンによるV２ロケット弾道弾により、現在のロケット技術の基礎は確立された。

これからの可能性と環境保全

人類は火の利用により豊かな文明の成果を享受してきたが、現代においては環境保全に力を入れなければならない。環境問題はあらゆる分野にわたっており、それぞれの分野において、これまでに人々が守ってきた規範が問い直され、新しい方向に向かわねばならない。

火にかかわる分野、とくに燃焼によりエネルギーを利用する科学・技術の分野おいては、燃焼起源の二酸化炭素などによる地球温暖化という大きな課題の解決には、多くの時間と労力が必要である。

化石燃料である石油、石炭、天然ガスの成分は主として炭化水素であるが、これらはすべて燃焼させて機械的エネルギーに転換する。発電用に約40％、産業用に約25％、交通・運輸用に約15％、家庭用に約11％が使われ、残りは損失分として大気に放出される。もちろん最終的には、これらの熱エネルギーはすべて地球圏に放出される。燃焼によって発生する熱エネルギーのうち熱機関によって発電した電気エネルギーや自動車などで機械的仕事などに変換される割合は約50％で、残りは加熱用として使われる。これらのエネルギーは人間にとって有用なので有用エネルギーと呼ぶが、この有用エネルギーの全エネルギーに対する割合は35％程度と考えられる。

一方、地球温暖化、酸性雨などの地球規模の環境問題、窒素酸化物、一酸化炭素、未燃焼燃料、硫黄酸化物、光化学スモッグ、粒子状物質、ダイオキシンなどによる局所的な環境汚染などの問題に対して、これらの多くのものが燃焼によって発生している事実がある。地球温暖化の主な原因物質として二酸化炭素CO_2があるが、これは炭化水素燃料を燃焼させれば必然的に発生するものであり、これを減少させるためには有用エネルギーの割合を上げること、すなわち各種燃焼装置の効率を上げることが重要である。

酸性雨は蒸気の汚染物質のうち窒素酸化物や硫黄酸化物が原因となっている。さらに、蒸気の汚染物質は燃焼に伴って生成されるものであることから、燃焼方式などに工夫が必要である。また窒素酸化物や硫黄酸化物は燃料に含まれる窒素や硫黄によるものであり、燃料中のこれらの成分を事前に除去しておくか、燃焼後に排出されるガスから取り除くことが必要になる。また、一般的に燃焼装置の効率などの性能を上げるには廃棄される汚染物質の発生を促進することにもなることから、対応は簡単ではない。したがって現在の燃焼技術は、燃焼装置の高効率化と排出汚染物質の低減を同時に満足させることが求められている。

暴れる火とどう付き合うか

火による災害は、その災害に至る経緯をも含めて、古来「火事」と呼びならわしてきた。最近では、火がもたらす災害という意味で「火災」というようになった。火災は火による災害のすべてを包含する言葉であり、災害の起こる場所、建造物、施設、設備、機械、物質、原因などにより、森林火災、都市火災、建物火災、室火災、船舶火災、航空機火災、トンネル火災、ケーブル火災、圧縮機火災、ガス火災、金属火災、油火災、タバコ火災、放火火災など、多様な呼び方をする。また、都市火災で規模の大きなものを大火という。歴史上よく知られた大火は、明暦の大火（振袖火事）、お七火事、ロンドン大火、酒田大火など内外に数多くあり、いずれもそれぞれの時代を象徴する出来事となっている。

火災の発生は火がつくことから始まる。燃えるものに火がつくと、最初に火がついた部分以外のところや他の燃えるものが燃え始め、火が広がっていく。この段階までに火を消すことができないと火災はますます拡大し、大きな損害をもたらすことになる。

人類の歴史の中で火災や火山の噴火など、人の力ではどうすることもできない災害から身を守ることも、人間社会では重要な関心事であった。人類が火の利用を始めてから、ときには燃えては困るものが燃えてしまったり，火傷を負ってしまったり、といった不都合が付き物だった。火は私たちの生活に不可欠なものであるが、使い方を誤ると取り返しのつかない災害をもたらすので、注意深く十分コントロールした状態で使わなければならない、ということになる。これが世界各地の伝説や祭りの行事、説話や習慣などに痕跡をとどめている。
現在の私たちの生活も火に関する先端技術に支えられているが、同時に、火に関わる災害も絶えることなく、その被害は増え続けているのが実情である。具体的には11章の化石燃料の、火災事故のところで述べる。

参考文献

1　新岡　嵩『燃える』オーム社（1994）
2　樺山紘一、河野通方、下村道子、平野敏右等『火・熱・光 ―プロメテウスからロケットまで―』丸善株式会社（1999）

8　地熱の力

温泉などの地球が持つ熱も、人類は古来、生活に利用してきたが、今日では発電の手段としても見直されている。

そもそも「地熱」という存在とは?

温泉が地表に湧き出るには、熱源、地下水、地上への通路という三条件を必要とする。日本は火山列島で無数に断層があり、地下水の元となる天水（雨雪）の年間降水量も多いことから十分に、この三条件を満たしている。日本人ほど温泉好きの国民はいない、とよく言われるが、たしかに日本には各地にたくさんの温泉があり、地熱の温泉への利用では日本は世界で圧倒的に多い。

日本の温泉法では25℃以上のものを温泉というが、実際には、地上に湧いてくる40℃から50℃くらいの温水を温泉としている。ちなみに私が足利市で定宿にしている東葉館は旧名地蔵の湯と呼ばれ、明治期以来、30度以下の温水を40度以上に加温している。また、地球のもっと深いところには、温泉よりもっと高温の熱水や蒸気の貯えられているところがあり、これを地上に取り出して、その蒸気の持つエネルギーを利用してタービンを回すのが地熱発電ということになる。

人類の歴史と地熱の恵み

日本列島に住み着いた人々が、いつ頃から温泉を利用していたのか、考古学上の確実な物証がないことから正確には把握されていないが、縄文時代から人々は温泉の恵みにあずかっていたのではないかと推測されている。では、文献に最初に登場するのはいつ頃であろうか。それは五世紀半ばの「古事記」の中に、伊予の国の道後温泉が日本の文献史上初の温泉地として登場する。さらに、飛鳥時代の「日本書紀」には舒明《じょめい》天皇が舒明天皇十一年（六三九年）に「伊予湯湯宮」に行幸されたという記述がある。

「古事記」の成立から一年後の和銅六年（七一三年）に朝廷は諸国に地理誌をまとめることを命じたが、こうして出来上がった「風土記」の中に、「温泉」という言葉が日本で初めて登場したこと、さらに各地の温泉の利用の姿や効能、温泉の特徴などが記述されていることが特筆される。続いて、「温泉」という言葉が使われるのは「万葉集」である。歌そのものにではなく、作者や読まれた場所の説明に「伊予温泉」「紀温泉」などが使われている。

なお、四千五百首以上の歌を収めた「万葉集」に登場する温泉地は、上記に加えて道後、有馬、白浜の日本三古湯を加えても五か所しかない。愛媛県の道後温泉には共同浴場になっている道後温泉本館があり、歴史を感じさせる作りで、ここは夏目漱石の「坊ちゃん」の中にも出てくるし、私たちが旅の途中にひと風呂浴びることもできる。

海外の例では、ローマ人の入浴がよく知られているが、ローマ市内には最盛期には九百五十二もの浴場があったという。特に巨大なのはカラカラ帝（紀元二一一～二一七年）の作ったカラカラ浴場で、一度に一千六百人、一日に八千人が利用できたという。また、冬でも寒くないように、床と壁に空間を設け、そこに地下の炉からの蒸気を送り込む現在のセントラルヒーティングの元祖ともいえるものもあった。これはハイポスカウトと呼ばれ、十九世紀まで利用され続けたといい、古代ローマの知恵がうかがえる。しかし、その燃料に薪が用いられたため、ローマの支配した地域では森林が消えていき、洪水の多発など深刻な環境問題を引き起こしたという。

筆者は湾岸戦争の始まる半年前に、家族旅行でイスラエルを訪れ、紀元七〇年にローマ軍と戦ってイスラエル民族最後の砦となった「マサダの要塞」にも登った。ここは紀元前三六年から六年の歳月をかけてヘロデ大王が離宮として築いたもので、最後はこの要塞に立てこもったユダヤ兵士たちと非戦闘員の女子ども合わせて九百六十名が自決した。要塞の構造は二重防壁や防御用塔、兵舎や兵器庫は当然のこと、驚いたことに水の入手が困難な丘の上の要塞にもかかわらず大貯水槽と大浴室を備えた王の居住エリアを確保していたのである。このローマ式の浴場は床から温める高温室と微温室、さらには冷水プールまで備えるという本格的なものであった。しかし、贅をつくしたヘロデは決して幸せではなく、猜疑心が強く息子や妻まで殺してしまうという人格的欠陥を抱えていた。

地熱の温泉への利用に比べると、地熱発電の歴史は新しい。世界最初の地熱発電は一九〇四年にイタリア北部のラルデレロで始まり、現在では世界三十か国ほどが地熱発電を行っている。二〇一〇年には、世界の地熱発電の総設備容量は1000万kWを超え、二〇一六年末には1350万kWに達している。

一方、わが国の地熱開発の歴史をたどってみると、前述のように、日本は温泉に恵まれ、かつ国民が世界中で最も温泉好きであることは間違いないようである。こうして古来、温泉は好まれ、地域によっては部屋の暖房に使われたり、野菜や卵あるいは肉の調理に使われることはあっても、電気として使うことはなかった。そのような中、大正七年、海軍中将山内萬治は、大分県別府市の通称〝地獄〟で掘削を行い、蒸気の噴出に成功したものの、山内氏の病もあって地熱研究は進まなかったようである。なお、風力利用の研究も、元海軍士官であった本岡玉樹が、自分の乗っている蒸気機関で駆動する軍艦より帆船が早く走るのを見て風の力を実感し、海軍を退役して風力利用に取り組んだのが大正時代からであったことも興味深いことである。

その後、東京電灯（株）の太刀川平治が、大正十四年（一九二五年）、大分県の別府温泉で1・12kWの日本初の試験的地熱発電に成功している。イタリアのラルデレロでの世界初に遅れること二十一年であった。
太刀川は「地熱發電の研究」という記録を残しており、諸外国の地熱発電の現状を明らかにするとともに、新たな電力開発の必要性を説き、水力発電開発の必要性と、保有資源量から地熱発電の必要性を述べている。その後、地熱研究は細々と続けられ、終戦直前の一九四四年には、静岡県賀茂郡南中村で九州帝国大学の山口修一、小田二三男両博士により掘削が計画されたものの、掘削機械が軍に接収され実験は行われなかったという記録がある。

終戦後、わが国は電力事情に悩まされたことから、地熱発電も注目された。日本各地で地熱発電の適地が調査され、そのような中で、一九六六年に本格的な地熱発電所である岩手県松川地熱発電所（蒸気型）が建設され、翌年の一九六七年には大分県大岳地熱発電所（熱水型）が運転を開始している。その後、一九七〇年代には二度の石油危機があり、政府はサンシャイン計画という石油代替エネルギー政策を立案し、太陽光、石炭液化、水素、地熱の四つを中心に研究開発を行った。このことから、わが国の地熱に関する調査研究は大きく進展し、わが国には発電量に換算して２０００万kWを超えるポテンシャルが存

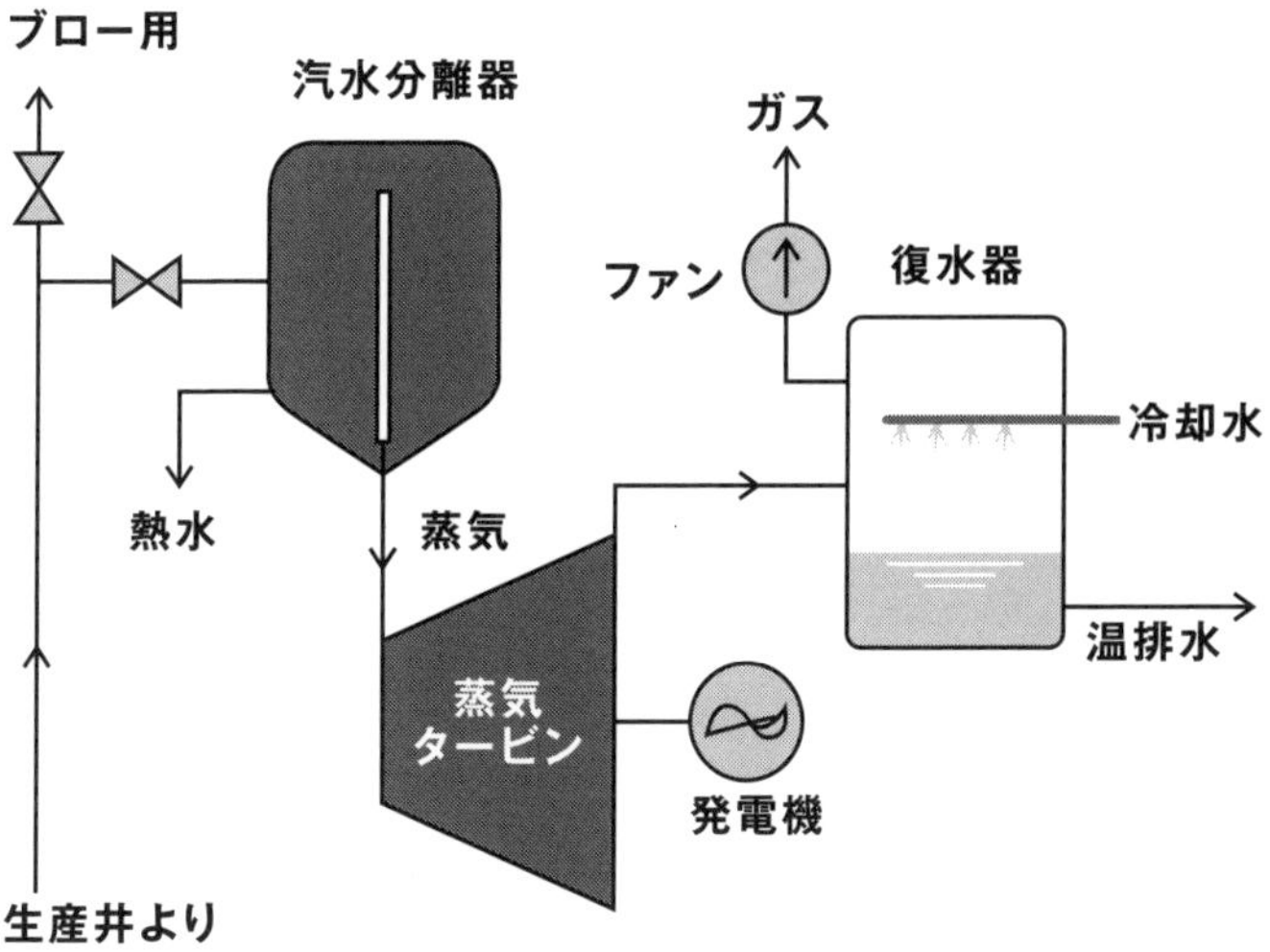

図５　地熱発電のしくみ（復水式）

在することが明らかになり、資源探査技術、掘削技術が進展し、世界有数の地熱発電技術保有国となった。

図5に、代表的な地熱発電の仕組みを示している。サンシャイン計画の成果が一九九〇年以降の増大に反映され、二〇〇〇年までに、日本全国で十八か所、総設備容量54万kWの地熱発電国になっている。

そして、一九七〇年代に発生した二度のオイルショック、さらには一九九〇年代以降、世界的に顕在化してきた地球温暖化問題、これらはクリーンで純国産のエネルギーである地熱発電を推進する原動力になりえたはずであるが、日本政府は、再生可能エネルギーの開発を推進する道ではなく、原子力発電の開発を選び、二〇一一年にはわが国の電力供給量の30％が原子力発電で賄われるという状況になり、さらに、二〇三〇年までにはわが国の電力供給量の50％を原子力で賄うというのが国の方針になっていったのである。

その時に起きたのが、二〇一一年三月十一日の東日本大震災とそれに伴う福島第一原子力発電所の事故であった。今後のエネルギーを国民一人ひとりが考えるべき時が来たのだ。

日本は石油・石炭のような化石燃料資源には恵まれていないものの、再生可能エネルギー資源は十分にある。しかも地熱発電は、太陽光や風力と異なり、気象条件に左右されず安定的な電力を発生することから、きわめて利用しやすい再生可能発電システムなのである。

世界の地熱発電の状況を見ると、二〇一六年度末の時点で、世界の累積の設備容量は約1350万kWに達しているが、表1に示すように、最も多い米国が約360万kW、第二位がフィリピンの190万kW、第三位がインドネシアの170万kWと続く。世界の年間発電量は78TWhとなり、年間の設備利用率は平均で65%を超えている。世界の地熱発電のポテンシャル（資源量）は、米国、インドネシア、日本が三大国と言われているが、実際の累積導入量では、第四位以下のニュージーランド、メキシコ、イタリア、トルコ、ケニア、アイスランドに次いで約55万kWで第十位に留まっている。最近、日本では固定価格買い取り制度に合わせて低沸点媒体を用いたバイナリー発電と呼ばれる小規模な温泉熱発電などが導入されているが、年間1万kW程度である。

一方、世界各国で導入されている地

表1　世界の地熱発電容量導入量

国名	A:地熱発電容量(MWe)	B:送電設備容量(MWe)	A／B(%)	C:地熱資源量(MWe)	A／C(%)
アメリカ	3,450	1,172,191	0.3	30,000	11.5
フィリピン	1,870	17,351	10.8	6,000	31.2
インドネシア	1,340	51,351	2.6	27,791	4.8
メキシコ	1,017	62,136	1.6	6,000	17.0
ニュージーランド	1,005	9,494	10.6	3,650	27.5
イタリア	916	121,762	0.8	3,267	28.0
アイスランド	665	2,656	25.0	5,800	11.5
日本	519	294,563	0.2	23,470	2.2

（出典）「火力原子力発電技術協会（2016）：地熱発電の現状と動向2015年版」を修正

熱発電の主要設備である地熱用蒸気タービンについては、日本の日立、東芝、富士電機の三社で世界の七割を製造しており、日本の地熱発電の技術は高く評価されている。また、ニュージーランドに注目すると、二〇一六年度末で約１００万kWに到達しているが、一九五〇年代から積極的に地熱発電の開発導入を進め、全発電量の13％を地熱発電が占めるようになっている。同国では、発電に占める自然エネルギーの割合がすでに85％に達しており、二〇二五年までに90％を自然エネルギーで供給するとしている。この国では地熱発電の開発において、環境問題の克服や、先住民族との協力関係の構築など、地域での難しい合意形成のプロセスを経て、地域の地熱資源を管理する独自の制度のもとで、着実に進められてきている。

さらに、日本と同じ火山国として地熱利用でよく知られているアイスランド（人口三十三万人）には累積で約70万kWの地熱発電設備があり、電力だけでなく熱利用も進んでいる。すでに一次エネルギーの66％を地熱エネルギーにより賄っており、水力と合わせると自然エネルギーの割合は約85％に達している。また、アイスランド国内の電力需要は、ほぼ１００％自然エネルギー（水力71％、地熱29％）で賄われている。このように、アイスランドは先進国ＯＥＣＤレベルでは一次エネルギーで世界一位の自然エネルギー比率となっており、ノルウェーが二位、スウェーデンが三位、ニュージーランドが四位となっている。

地熱の利用　これからの可能性

今後の地熱発電の導入拡大は、わが国にとってきわめて重要である。新規の発電所の建設のみならず、既設の発電所の安定維持を通じて、設備容量および発電電力量を拡大して地熱発電開発を推進するためには、いくつかの課題克服が必要である。特に技術開発による政府の支援が必要となる。現在の課題としては、開発リスクの低減、開発コストの低減、操業コストの低減、自然環境並びに社会環境との調和などがある。さらに、近年目立つようになったのは、関連技術者の不足である。

新規の地熱発電所の運転開始までには、地表調査、資源量調査、環境影響調査、建設工事と、いくつかの段階を経る長いリードタイムを必要とする。さらに、すでに運転を開始している地熱発電所においても、運転の過程でさまざまな課題が顕在化し、当初計画していた発電出力を安定維持できない地点もある。

地熱発電に特有であるリードタイムを短縮し、事業化を推進するための技術や発電電力量向上のための技術が導入されれば、長期エネルギー需給見通しの開発目標に近づくことができる。リードタイムの短縮および利用率向上には、生産井および還元井の掘削成功率向上、生産量と還元量評価の精緻化と高度化が必要で、このためには探査および掘削における効率的で安価な調査掘削機器開発、数値シミュレーション技術などの支援ツールの開発が重要になる。また、最適な温泉モニタリング手法やスケール対策技術は、操業コストの低減や、自然環境や社会環境との調和に必要な技術である。なお、スケール対策とは地中から蒸気を取り出す生産井のパイプ内部に付着物が生じて管路の内部が狭まってしまうのに対し、これを定期的に除去する技術である。私たちが歯科医で歯石を除去してもらう、あの歯石もスケールという。これらの技術を実用化することはコストダウンにつながり、事業者の事業環境の改善、さらには新規開発意欲の向上が期待できる。

地熱開発を推進する上で懸念される技術者の不足に対しては、長期的に人材育成を図る一方、技術開発によりＡＩやＩｏＴの適用を推進することで、技術者不足を補完することも期待される。これら技術開発は、現時点ではＮＥＤＯ新エネルギー産業技術総合開発機構およびＪＯＧＭＥＣ石油天然ガス・金属資源機構により、さらなる実用化を目指した継続的な推進が期待されている。

さらに、他の再生可能エネルギー開発においても課題となっているのが、電力系統への接続問題である。特に地熱発電所は山間地に位置することが多いことから、接続できる送変電設備の容量が限られている場合が多い。地熱発電所の新設により既設の送変電設備を増強しなければならない場合、その費用は発電事業者の負担になることから、事業の経済性に大きな影響を及ぼすことになる。地熱発電所に特有なこのような状況に加えて、固定価格買い取り制度を契機に再生可能エネルギーの導入が急速に拡大する中で、電力系統の制約が全国的に課題になっている。このため広域系統整備・運用、ローカル系統制約に対応する情報の公表や入札募集ルールの活用等の措置、電力広域的運営機関による電源ごとの一般負担の上限の設定などの効率的な施策が進められている。一方で、この系統制約という新たな課題により、開発リードタイムが長く、発電可能量の見通しを立てることが難しい地熱開発案件には、系統接続の先着順優先や電源接続案件募集プロセスにおける入札募集時期に間に合わなくなる問題や、想定外の高額負担により事業採算性が見込めなくなる事態などが生じている。

この問題の解決のためには、例えば、①開発規模が定まらない段階でも電源接続案件募集プロセスに応募できる仕組みと、その場合に発生する出力変更リスク（その後の調査や開発段階で発電規模が変更される場合など）に対する対応策を考えておく、②ベースロードとして考えられる安定電源である地熱発電や小水力発電に対して、再生可能エネルギーへの割り当て分ではない既存の系統接続側に空き容量がある場合には、その空き容量分を工夫・検討することによって接続枠の見直しなど柔軟な対応を考える、③系統接続増強工事費用の特定負担に対する助成金制度の創設などを検討する、というようなことが考えられる。

暴れる地熱とどう付き合うか

古来、日本は温泉国であり、火山国である。現在日本で噴火している火山と噴火しそうな火山、つまり活火山の数は気象庁では百十としている。しかし、将来噴火する可能性のある火山が、最近一万年の間に活動した火山だけとは限らない。特に、カルデラ（大量のマグマが一気に噴出してできた大きな凹地）を造るような規模の大きな噴火は、噴火と噴火の間隔が数千年と長い傾向があることが知られている。

火山の噴火によって、噴石や火山弾、火砕流、火山泥流などが発生することがあり、火砕流の平均的な到達距離は十キロメートル程度であるが、一九九一年のフィリピンのピナツボ火山や二〇一〇年のインドネシアのメラピ火山の噴火では二十キロメートル近くまで流れている。したがって、噴石や火砕流による災害を回避するには少なくとも十キロメートル以上離れている必要がある。さらに火山泥流に関しては、火砕流に比べて流れる距離が長い場合があるが、河川など地形的に低い場所を流れるので、河川などから離れることが重要といえる。

原発に対する火山の噴火の影響については、原子力規制委員会には「火山影響評価ガイド」という審査内規があり、これにより、原発から百六十キロメートル以内の火山を対象に、噴火に伴う危険性を評価する手順を定めることになっている。二〇一七年末に愛媛県の伊方原発3号機について、広島高裁ではガイドに沿って阿蘇山の噴火による危険性を考慮して運転再開が不認可になった。これが二〇一八年九月には四国電力からの異議を受け、「ガイドに従えば原発の立地は認められない」が、噴火の予測は困難であることからガイドは不合理であると判断し、「社会通念」から大きな被害は考えられないとして再稼働が認可になった。こうして「科学的な根拠でなく、社会通念から噴火のリスクは容認できる」として、再び原発安全神話に逆戻りした経済優先の判決に対して、複数の火山学者は厳しいコメントを出している。

この二〇一八年九月には、二〇一四年の噴火で六十三人の死者と行方不明者を出した長野県・岐阜県境の御嶽山の山頂への登山の規制が解かれ、遺族たちが犠牲になった人々の最期の場所に登って故人を偲んでいる。火山噴火予知連絡会では五十の火山のうち、いわゆる百名山がその半数を占めることもあり、火山情報の正確な把握と安全な登山への万全な備えを呼び掛けている。地熱発電や原子力発電所に火山噴火の被害が及ぶと、登山者はもちろんのこと桁違いの被害が発生することから、社会通念のようなあいまいなものでなく、科学的な根拠に基づいて判断すべきことは言うまでもない。目先の経済ではなく人のいのちの大切さをこそ優先すべきである。

参考文献

1　江原幸雄『地熱エネルギー——地球からの贈り物——』オーム社（2012）
2　『地熱エネルギーの開発・利用促進に関する提言』新エネルギー財団・新エネルギー産業会議（平成29年3月）
3　日本火山学会『Q＆A火山噴火127の疑問』講談社

9　生物の力

「バイオ燃料」「エコ燃料」とも呼ばれるバイオマスの利用は、今日、再生可能エネルギーの一つとして注目されている。初めにバイオマスの定義について調べてみよう。バイオマス（biomass）は「生物資源」と訳されることが多いが、広義には、光合成によって作られるすべての有機物質と定義される。また、東京大学農学部のバイオマスの研究者として知られる横山・芋生らは「一定量集積してマテリアルやエネルギーとして利用できる植物起源の物質」と定義しているが、これが最も一般的であろう。

人類の歴史と生物の恵み

先に、「人類の歴史と水の恵み」のところで大河流域の森林（木質バイオマス）が古代文明を支えてきたことを述べた。人類の歴史をたどってみると、その文化や文明を支えてきたのはエネルギーであったと言える。わが国の歴史についても、奈良から京都への遷都は木質エネルギー不足が原因であり、家康が江戸に幕府を開いたのも、関東平野の豊富な木質エネルギーが決め手になったと考えることができる。

かつて日本の中心は奈良盆地に置かれていた。飛鳥京、藤原京、平城京と、六世紀から八世紀の約二百年間である。ところが八世紀末に桓武天皇によって奈良から京都に都が移された。日本史で「奈良の人が泣くよ（七九四年）」と覚えた年である。政治や宗教に遷都の理由を求める歴史家もいるが、確かなことは、奈良にはもうエネルギーが残っていなかったということである。

当時のエネルギー源は薪、つまり木質バイオマスであった。また木材は建築材としても使われており、当時の社会では一人当たり年間に十本ほどの樹木が必要であった。都の置かれていた頃の奈良盆地の人口は十万人程度と推定されるので、奈良盆地全体では年間百万本の木を伐採することになる。これは毎年百万坪の森林が消失することを意味する。奈良盆地の都は二百年続いているから、奈良盆地の周囲の山には木は残っていなかったのだ。これは証拠としての文献も残っている。

その後一六〇〇年、関ヶ原の戦いで勝った徳川家康は、軍事的にも不利で、しかも未開地だった江戸になぜ幕府を開いたのか。これも当時の政治や文化の中心だった兵庫、大阪、京都、滋賀、奈良など関西地域にはもう木材が残っていなかったのである。家康は手つかずの森林に魅力を感じて江戸に幕府を開いたが、この江戸の繁栄にも限界が訪れる。やはり木材の不足である。幕府の天領が置かれた天竜川流域は、重要な木材の供給地であったが木材伐採量は一七〇〇年頃にピークが訪れ、その後急速に伐採量は減少している。これは豊後の国の日田など他の天領でも同じである。幕末に活躍した歌川広重の浮世絵「東海道五十三次」シリーズの中でも、山に木がまばらにしか描かれていない。

また、幕末には多くの外国人が日本を訪れているが、「神戸の山には木がなくて丸裸だ」と驚いている。幕末の日本は森林という木質バイオマスが枯渇寸前で文明の限界を超えていたのである。一八五三年（嘉永六年）にペリーが黒船で来航し、威圧的に開港を迫り、鎖国が終わって明治維新が起こるが、ペリーの来航は、日本の外交政策を転換させたのみでなく、エネルギー政策も一変させた。ペリーらの四隻の巨大な黒船を動かしているのは木材ではなく石炭であることを知って、日本人は驚き喜んだ。幕末の木材資源は限界に来ていたが、石炭なら各地の地下に無限と思えるほど眠っていたからである。やがて、北海道や九州の炭鉱が開発され、日本は一気に木材エネルギーから石炭エネルギーに転換したのである。これにより、日本は急速に近代化を進め、繊維工業から重化学工業を発展させていった。

さらに時代は下り、第一次世界大戦で世界的なエネルギー政策の転換が起こった。エネルギーの主役が石炭から石油に変わったのだ。このエネルギー転換が日本を窮地に追い込むことになった。日本には石炭はあっても石油は全くなかったからだ。第二次大戦直前の石油産出量を見ると、アメリカが突出して多く、日本は石油の需要は大きいものの国産石油がないことからアメリカからの輸入に頼るしかない状況であった。つまり、アメリカに首根っこを押さえられていたのである。アメリカに石油を止められて苦しむあまりアメリカとの戦争に突入し、日本はオランダ領インドネシアの石油を狙って南方進出を図るが、石油送船が次々に沈められ、窮地に陥った。戦争末期には石油がなくなり、松の木の根を掘り出して乾燥させ、そこから石油代用の松根油を作ったりしたほどである。また、自動車は木炭をガス化して走る代用燃料車が開発され、戦後もしばらくは木炭自動車が走っていたことを記憶している。ガソリンに比べるとパワーが不足しており、急な坂道になると大人の男たちは、バスを降りて押したものである。

第二次世界大戦を始めたヒトラーも、ソ連のバクー油田の石油を狙っていた。昭和天皇独白録にあるように、「先の戦争（太平洋戦争）は石油で始まり、石油で終わった」のである。

バイオマスとカーボンニュートラル

バイオマスは、カーボンニュートラルな環境負荷の低いエネルギー源として有望であるとされている。なぜなら、バイオマスを燃焼してエネルギー利用しても、排出された二酸化炭素CO_2が再植林などを通して光合成により吸収されれば、正味の大気中のCO_2濃度に影響を及ぼさないとされているからである。適正な森林管理がされている限り問題ないが、伐採量が生産量を上回ればこの限りではない。また、現実にはバイオマスの生産、輸送、加工などに化石燃料が使用されている。したがって、二酸化炭素CO_2を排出した分だけ植林などによりCO_2を固定しても、種々の過程で化石燃料を使用する限り、厳密にはカーボンニュートラルではありえない。

陸上植物によりバイオマスとして固定される炭素量は、年間で約2000億トンと推定されており、この量は世界で使用されているエネルギーの十倍程度である。また2000億トンのバイオマスのうち、年間約30億トンが食料として使われている。植物により固定された化学エネルギーと植物がとらえた太陽エネルギーの比として光合成効率を表すが、通常は1％以下である。バイオマスを化石燃料に代替することで、どの程度のCO_2削減がなされるかについては、ライフサイクルアセスメント＝LCA＝手法（ある製品またはサービスのライフサイクル全体〈資源採取から原料生産―製品生産―流通―廃棄〉の環境負荷を定量的に評価する手法のこと）により検討する必要がある。バイオマス利用はきわめて多岐にわたるが、次頁図7に代表的なバイオマス発電の仕組みを示す。

バイオマス活用の今後

二〇〇九年に、「バイオマス活用推進基本法」が成立し、「エネルギー供給構造高度化法」も施行され、さらには京都議定書の約束期間の後、現在はパリ協定ＣＯＰ23への対応を行いつつ、ガス事業者や石油会社にも非化石エネルギー源の利用を促している。

政府の二〇三〇年のエネルギー基本計画において、再生可能エネルギーの電力供給に占める比率は22～24％と大きく、主力電源と期待されている。特にバイオマス発電は自然条件に左右される変動型電源に比べ、電力系統の安定化にも寄与できる利点がある。

①国内森林資源の積極的な利用

図７　バイオマス発電システムの例

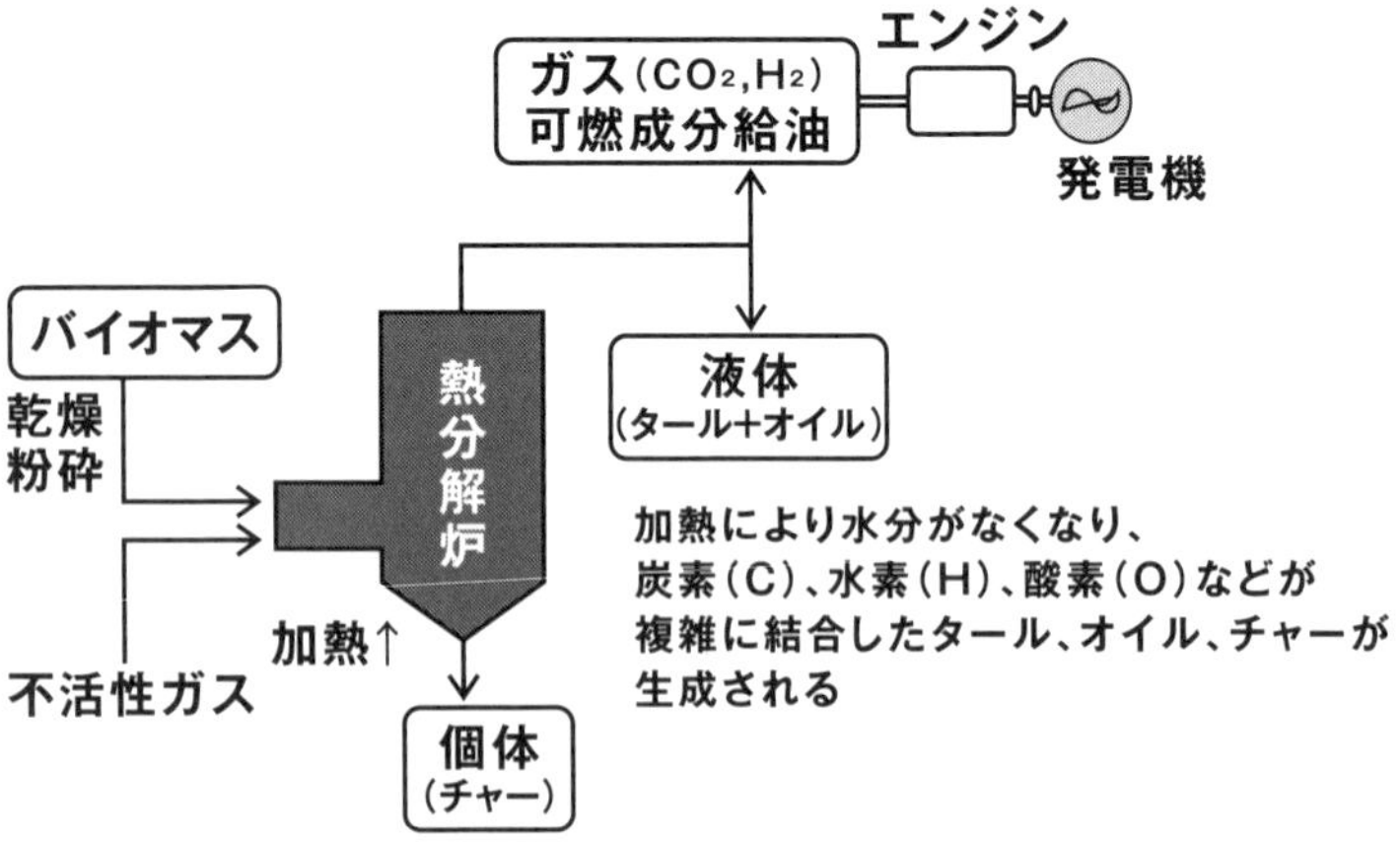

（出典）横山伸也『バイオマスエネルギー最前線』森北出版：2001

エネルギー自給率の向上および地球温暖化の防止に貢献するためには、国内森林資源を効率的かつ安定的に利用する体制を早期に確立することが必要になる。そのためには、森林の再生と木質原料供給体制の確立が必要であり、木質資源の素材利用としての林業と、間伐材・枝葉等の未利用材のバイオマス燃料としての利用の両者が、相乗効果を発揮できるように効果的な利用施策が必要となる。

このためには、国内材の利用と森林管理の推進が必須である。エネルギー基本計画の中のバイオマス発電の位置づけでは「安定的に発電を行うことが可能な電源となりうる、地域活性化にも資するエネルギー源である。特に、木質バイオマス発電については、わが国の貴重な森林を整備し、林業を活性化する役割を担うことに加え、地域分散型のエネルギー源としての役割を果たすものである」とされている。したがって、当面の原料の安定供給は輸入材に頼りつつも、その間に国内の木質原料供給体制の構築を推進する必要がある。

わが国でこれまで行われてきた植林により育った人工林が、国内各所で半ば放置された形となっている山林が多く存在するが、これらの山林を再び経済林として効率的にエネルギー利用し、再生させるための補助制度なども必要になる。

②国内森林資源の効率的な活用の推進

森林資源の適切な管理を行うためには、森林資源の賦存状態についてできるだけ正確に把握する必要がある。また、これまでの森林情報は、都道府県・市町村・林業事業体が、個々のシステム・個々のデータを用いて運用しているが、結果として、「情報の精度が低い」、「組織ごとの保有情報の共有化ができていない」、「個別に開発・運用しているのでコストが高い」、「ユーザーごとに利用できる情報が限定されている」、「必要最低限の活用のみにとどまっている」等の課題を抱えている。

このため、立木管理の段階からＩＣＴ（情報通信技術）を活用して、立木ごとに立地場所や形状等を管理するとともに、それらの情報を施行計画に反映することが望ましい。これらを統合的に汲み上げて地域森林資源を「見える化」するための施策が必要で、これには、ＩＣＴを活用した森林施業計画の推進が必要となる。さらに、森林の機能の保全や間伐、あるいは造林などの森林施業の効率的な実施をするためには、森林所有者の適切な登録の推進も不可欠である。

③バイオガス利用の加速化

わが国で発生する食品廃棄物、家畜糞尿、下水汚泥などの湿潤系バイオマスは、年間約1・8億トンにのぼり、全バイオマス発生量の約六〜七割を占めている。これら湿潤系バイオマスは、多大な回収可能なエネルギーを有するものの、含水率が高いため、直接燃焼させるボイラー発電のようなエネルギー回収には不適である。したがって、メタン発酵によるバイオガス生成が、このような湿潤系バイオマスからのエネルギー回収に適した技術と考えられる。このためには、家畜排せつ物の発酵後の消化液の液肥利用を受け入れてくれる農家の理解が必要であり、畜産と農業の連携が不可欠である。また、持続可能なコミュニティ発電および熱利用システムとして、バイオガス発電事業の多面的な評価とその情報公開も望まれる。

さらに、今後のバイオマスによる地球温暖化対策の有力な手段の一つとして、航空機に使うバイオジェット燃料が注目されている。日本も加盟している国際民間航空機関（ICAO）では「二〇二〇年以降、CO_2排出量を増加させない」という目標を立てているが、航空需要は今後もさらに増えていくと見込まれている。CO_2を減らすには、機体の軽量化や空港での待機時間を減らすなどの省エネ的な工夫はあるものの、より積極的に化石燃料を使わない、再生可能な生物由来のバイオジェット燃料が期待されている。すでに二〇一六年にはノルウェーのオスロ空港において世界で初めての供給が始まり、米国のロサンゼルス空港がこれに続いた。これらの国では使用済み油や食肉処理で出る牛脂などから作ったバイオジェット燃料を使っている。都市部の生ごみから燃料を取り出す計画もある。今後のバイオジェット燃料の世界市場規模は二〇一六年の五兆円から二〇三〇年頃には十八兆円程度に増大すると予想されている。

日本では、藻の一種のミドリムシを大量に育ててバイオジェット燃料にする研究開発をベンチャー企業のユーグレナが進めており、二〇二〇年のオリンピックの年には全日本空輸ANAがバイオジェット燃料で旅客機を飛行させる計画がある。また、新エネルギー産業技術開発機構NEDOの委託事業で、IHIが微細な藻「ボツリオコッカス」から燃料として抽出したり、三菱日立パワーシステムが木質チップからガスを取り出して燃料を作ったりして、五輪期間中に飛ばす計画がある。課題はコストで、NEDO事業ではまだ1リットル数千円もする。通常のジェット燃料は1リットル七十円前後であるからきわめて高価で、生産量も限られている。ユーグレナ社の現段階の計画では年間125キロリットルで、通常のジェット燃料と混合して使うが、東京─札幌間が中型機で片道5キロリットルであるから、すべての航路を賄うわけにはゆかない。将来量産ができ、コストが下がることを期待したい。

参考文献

1　横山伸也・芋生憲司『バイオマスエネルギー』森北出版（2011）
2　飯田哲也、白鳥敬『よくわかる自然エネルギー発電の仕組み』日本実業出版社、（2013）
3　武村公太郎『地形から読み解く日本史』PHP出版（2014）
4　富山和子『森は生きている』講談社（2012）
5　出雲充『僕はミドリムシで世界を救うことに決めました』ダイヤモンド社（2012）

森林率の高い県は？

日本の国土は約70％が森林に覆われていることはよく知られているが、全都道府県のうち、県の面積に占める森林の割合「森林率」を調べてみると、カツオで知られる高知県の森林率が84％で最も高い。大きな理由は県の北側の四国山地をはじめ大部分の地形が「山地」であり、土佐藩の時代から伐採を禁じる山を設けたり、伐採しても植林をしたりして保たれてきた。県の統計では「ユズの里」で知られる馬路村の森林率が97％で、県内で最も高く、魚梁瀬（ヤナセ）地区は年間降水量が４０００ミリメートルを超え、気候も温暖であることから、豊臣秀吉からも高く評価された天然美林のヤナセスギもある。百年たっても旺盛に成長することから、魚梁瀬にある林野庁の保護林区域では、樹齢二百〜三百年、高さ40メートル超の巨木が群生している。ヤナセスギは特有の香りを持ち、古くは酒樽に使われ、桃色がかった木目は柱や天井板として人気を集めたという。

林野庁による二〇一二年の森林資源現況調査によれば、森林率のベスト5は、①高知県84％、②岐阜県81％、③長野県79％、④島根県78％、⑤山梨県78％となっている。さらに奈良県、岩手県、和歌山県、徳島県、福井県、京都府、鳥取県と74％以上が続くが、木質バイオマス発電の盛んな大分県も、徳川幕府の直轄領になっていたくらい森林資源は豊富であるが、72％で70％を上回っている。

筆者も、高知工科大学との共同研究や、カルスト台地で風力発電を行っている梼原《ゆすはら》町を全国風サミットで訪ねたり、さらには「馬路村ユズポン醤油」を愛用していて、高知県には親しみを覚えていたことから、休日に妻と高知空港からレンタカーで馬路村を訪ねて作業場でおばあちゃんたちと話したり、ヤナセタカシさんの「アンパンマン博物館」を訪ねたり、四万十川沿いに、坂本龍馬脱藩の道を登って梼原町まで行ったことも懐かしい思い出である。

10　海洋のエネルギー

海洋の持つエネルギーとは？

わが国の再生可能エネルギーの特筆すべき点は、海洋エネルギーの割合が、世界平均が約3％であるのに対して、約10％と高いことである。海洋エネルギーは、海水が本来持っているエネルギーとして定義されるが、潮汐《ちょうせき》、海流、波浪、海洋熱（海洋温度差）、塩分濃度差の五種類が考えられる。

海流――海流発電は、対流、自転等によって生じる海水の流れ（海流）の運動エネルギーを、水力タービンの回転に変えて発電するシステムである。日本周辺の代表的な海流である黒潮は、最大で約4ノット（2・1m／s）にもなる、世界最大規模の海流である。

波力――波浪あるいは波力発電は、波のエネルギーを利用する発電システムであり、多種多様なエネルギー変換方式が開発されている。波の力をいったん空気の流れに変換する振動水柱方式、可動物体を用いて機械エネルギーに変換する方式、貯水槽に波を打ち上げさせて、そこから落ちる水の流れを利用する越波式などがある。海洋の波は風により形成され、複雑な干渉により波高や周期が不規則であるが、その変動は太陽光や風力に比べて激しくないため、予測しやすいエネルギー源と考えられる。世界的には、日本のように大陸の東側沿岸より、大洋に面して偏西風等の一様な風を受ける大陸西岸のほうがポテンシャルは大きい。

潮流――潮流発電は潮の干満により海峡等で生じる海水の流れを、水車等によって回転エネルギーに変換して発電を行うシステムである。発電方式は水平軸タービンが主流であるが、係留や設置方式はさまざまである。潮汐は、地球・月・太陽の公転および自転によって生じる規則的・周期的な流れである。内湾や海峡においては、海水が一方向に流れ出してから、流速が次第に大きくなって極大に達した後、次第に小さくなって停止する。次いで反対方向に流れ始め、極大に達した後、再び停止する。潮流の向きが変わるのは多くの場所で一日四回である。

海洋温度差――海水は水深が深くなると温度が低くなり、かつ年間を通じてほぼ一定である。これに対して海の表面温度は熱帯地方では30℃くらいになる。このわずかな温度差を利用して発電を行うのが海洋温度差発電（OTEC; Ocean Thermal Energy Conversion）である。水深400メートルを超えるくらいの深海では10℃前後、水深1000メートルになると5℃くらいで安定する。この温度差を利用して、アンモニアなど沸点の低い物質を使って熱交換を行う。暖かい海水で蒸発させてタービンを回し、低温側の海水で凝縮させ液体に戻す。

佐賀大学海洋エネルギーセンターの試算によると、海水表層と深層の温度差を24℃として、日本の排他的経済水域の持つ海洋温度差エネルギーのポテンシャルは、15～47 TWh/y（年間発電量）になるが、理想的な熱機関であるカルノーサイクル（フランスの物理学者サディ・カルノーにより考案された熱機関の中で最も効率の良いエンジンのサイクル）で考えても効率は7％程度であり、経済性が課題となる。

海洋エネルギーの恵み

地球は海の占める割合がきわめて大きいが、世界全体の海洋エネルギーのポテンシャルは海流８００TWh/y、波力８０００〜8万TWh/y、海洋温度差1万TWh/y、潮流３００TWh/yと推定されている。導入規模は、潮流と波力を中心に合わせて25MWとなっており、世界的にも実証試験の段階である。また、四十年前のサンシャイン計画実施時期には日本の海洋エネルギー開発研究が世界をリードしていたが、現在は地域別には欧州が圧倒的に多く、アジア地区はきわめて少ない。

日本での導入ポテンシャルは、海流10〜31TWh/y、波力19〜87TWh/y、海洋温度差15〜47TWh/y、潮流6TWh/yと推定されている。このほかにも、潮汐発電や、塩分濃度差発電も考えられるが、これについての統計結果は明確になっていない。

海洋エネルギーの活用と可能性

海洋エネルギーは国内外ともにポテンシャルはきわめて大きいが、世界全体では短期的には欧州の潮流と波力発電が主になると考えられ、二〇二〇年に約65MW、波力発電は二〇二〇年に15MW程度である。また、長期見通しは政策シナリオにより異なるが、次頁の

図８　IEA（国際エネルギー機関）による各シナリオにおける海洋エネルギーの導入予測

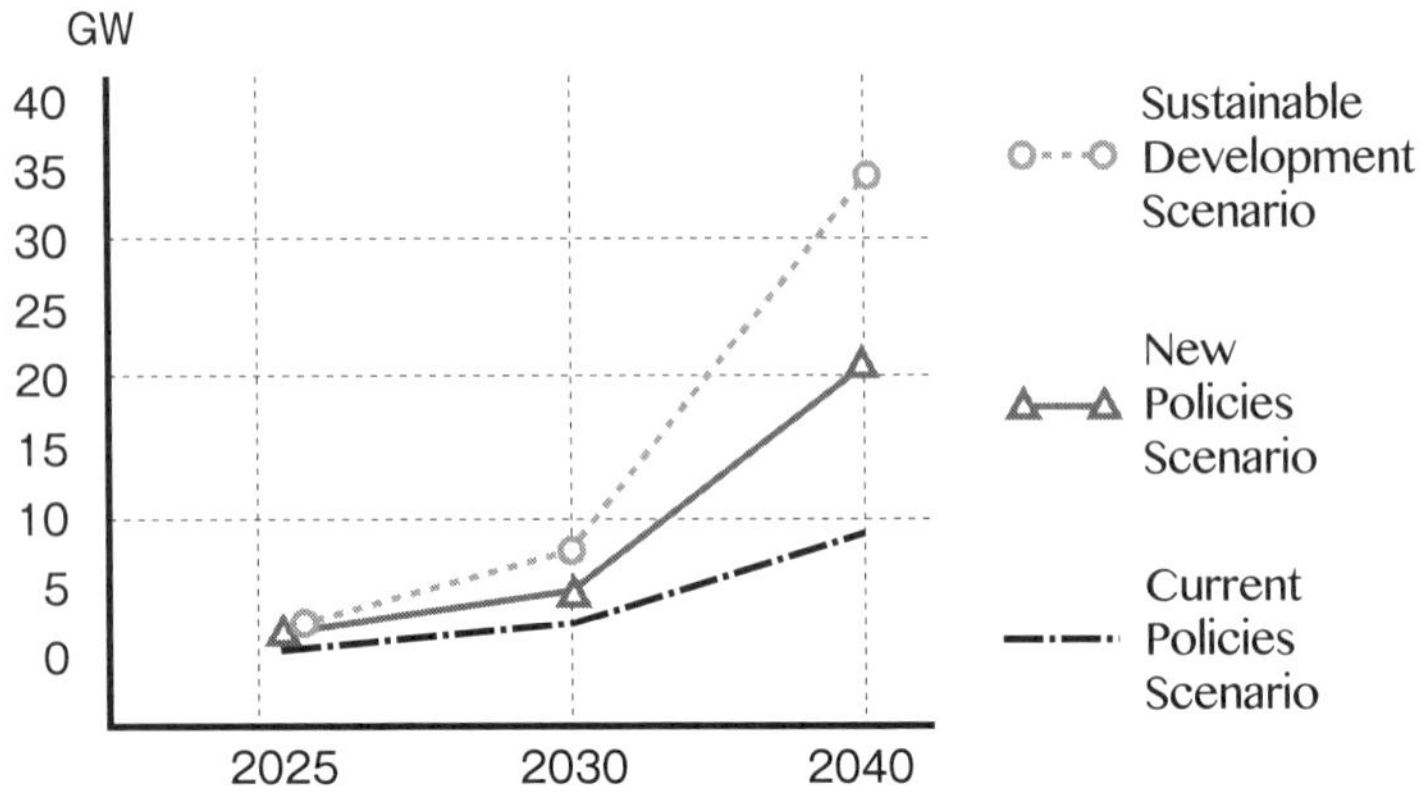

（出典）IEA world Energy Outlook 2017

図８は、二〇四〇年までの、国際エネルギー機関ＩＥＡの各シナリオにおける海洋エネルギーの導入量予測である。Sustainable Development Scenarioでは35GW、New Policies Scenarioでは20GW、Current Policies Scenarioでは10GWにとどまっている。

暴れる海洋エネルギーとどう付き合うか

私たちにとって忘れることのできないのが、二〇一一年三月十一日の東日本大震災の巨大津波である。世界最古の津波の記録は紀元前四二六年夏のエーゲ海での津波であり、このときはプロポネソス戦争の六年目であった。日本では江戸時代になって、千島列島での津波の痕跡を見た日本人として最上徳内がいる。司馬遼太郎によれば一七八六年（天明六年）幕吏最上徳内が千島のウルップ島を調査し、海岸から遥か内陸の山中にロシアの殖民団が乗ってきたセントナタリア号が横たわっているのを発見し、津波の恐ろしさを思い知らされたようである。

津波の要因は、火山噴火による山体の大崩壊説と、地震断層説とに議論が分かれるようであるが、日本は駿河湾から東海地方、紀伊半島、四国南方沖から琉球列島東方沖に達する南海トラフが、北上してくるフィリピン海のプレートがユーラシアプレートの下方に沈みこむプレートの境界線であり、さらには日本列島の東から沈み込んでくる太平洋プレートが、日本列島を載せている北米プレートの下に沈み込み、断層型の地震を発生することがある。

このように日本列島の周りでは、地震に起因する津波が起こりうる可能性が高い。東日本に関連しては、明治三陸地震津波（一八九六年）がある。このときには、緩やかに続く地震動の約三十分後に巨大な津波が不意に来襲し、青森県から宮城県にかけての太平洋沿岸が襲われ、一瞬の間に沿岸一帯のあらゆるものを流し去り、わが国における津波災害史上最大の、二万二千名に上る死者を出している。最高で38メートルもの打ち上げ高さが記録として残っている。さらに、昭和三陸地震津波（一九三三年）は、三陸沖でマグニチュード8・1の巨大地震が起き、津波の波源域は南北300キロメートル、東西120キロメートルに及ぶ大きなものであった。地震の三十分後に三陸と北海道襟裳岬付近の海岸は、明治三陸地震津波に次ぐ大きな津波に襲われ、三陸海岸、襟裳岬付近の海岸に、死者一千五百二十二名、行方不明一千五百四十二名という大きな被害を出している。このときには三十七年前の明治三陸地震津波の体験者が多く生存していて、いち早く避難活動が行われたことが大きな効果をもたらしたと考えられる。

ＩＴの利用などで進歩したとはいえ、気象予報の技術は完璧ではない。したがって、災害の予知も万能ではない。予知の限界を知りながら災害に備えることが肝心であり、昔からの災害事例を学び、教訓を汲み取ることが必要である。

参考文献

1　近藤淑郎（編）『海洋エネルギー利用技術』（第2版）、森北出版、（2015）

2　平成22年度ＮＥＤＯ「海洋エネルギーポテンシャルの把握に関する業務」
3　IEA World Energy Outlook, 2017
4　首藤伸夫他『津波の事典』浅倉書店（2007）

11　化石燃料の利点と限界

人類のエネルギー利用の歴史をたどってみると、太古の人々は、モーセの燃える柴（旧約聖書・出エジプト記3章に出てくる）にあるように、燃えやすい枯れ草などを燃料にしていたと思われる。日本昔話の「おじいさんは山へ柴刈りに……」も、燃料を採りに山に行ったということである。その後、木材を使う薪の時代が長く続いたのであるが、より火力の強い石炭、そして石油へと移り変わってきたのである。しかし、薪が使われなくなったのではなく、今でも開発途上国では薪を使っている人は多いし、石炭も依然として大量に使われている。

産業革命は、それまでの人力、畜力、水車・風車の自然力から、蒸気機関による動力革命がもたらしたといえるが、その燃料は木材から石炭に変わるきっかけにもなった。また外燃機関である蒸気機関から、よりパワフルで小形の内燃機関が発明されると、これには燃料として石油が不可欠になった。なお、前述のようにディーゼルエンジンの発明は石炭から石油への過渡期の典型であった。石炭と石油を比較すると、液状の石油はパイプを用いて輸送できるという利点があり、排気がきれいであることも魅力的であった。さらに、気体の天然ガスになると、より軽量で、化学式CH_4からも分かるように炭素分が一番小さな燃料であることから、CO_2の発生も少なく究極の化石燃料といえよう。都市ガスの主成分である。

石炭、石油、天然ガスなどは化石エネルギーとも呼ばれるが、石炭は古代の植物が地中に埋もれ、地中の高圧と高温により長期間かけて変質したものであり、石油は数億年前の動物の死骸が地中に堆積して化石となり、それが長い年月の間に地殻変動などで深い地下に達し、高圧と高温によって変化したものであるといわれている。天然ガスも、石油と同様に生物の死骸が地中に埋もれて、高温高圧の環境下で長い年月をかけて変質したものといわれている。さらに、最近話題のシェールガスやメタンハイドレードも化石エネルギーであるが、これら化石エネルギーには当然のことながら埋蔵量に限界があり、いずれ枯渇してしまう運命にある。

各種化石燃料の確認可採埋蔵量を現在の年間消費量で割り算すると、石油や天然ガスは五十～七十年、石炭は二百五十年くらいということになる。

しかも、十九世紀後半から二十世紀にかけて石油の採掘は比較的簡単であったが、海底油田の掘削が進むうちに大きな事故も発生している。これまで最大の事故は一九八八年七月のスコットランド沖合180キロメートルの北海のパイパーアルファ洋上原油掘削プラットフォームでの火災による大惨事で、プラットフォームにいた二百二十六人中百六十五人と緊急事態対応要員二名の合計百六十七名が犠牲になったものである。さらに二〇一〇年四月のメキシコ湾のBP社の石油掘削施設における死者十一人を含む炎上大事故は、石油の採掘が困難になり、石油に依存する世界が大きなリスクの上に成り立っていることを示す象徴的な出来事であった。BP社と米国沿岸警備隊による水深1600メートルにある油井からの石油の流出を止める試みが相次いで失敗し、油井に蓋をするのに成功するまでの三か月の間に400万バレルを超える石油がメキシコ湾に流れ出し、生態系をその後何年も汚染し続けることになった。

また、非在来型の石油である、オイルサンドあるいはタールサンドがあるが、その大半が存在するカナダのアルバータ州の例では、どろどろした油性の炭化水素であるビチューメンと砂、粘土、水が混じった粘性の高いこの混合物は半流動体であり、単純に掘削したり汲み上げたりはできない。最も簡単な方法は、露天掘りや縦穴を掘ることであるが、これは景観破壊をもたらす。そこで、石油会社は地下のビチューメンを加熱して地表に汲み上げられる程度の流動体にする技術を用いている。その後、このタールサンド・オイルがパイプラインを流れるように、さらなる処理が必要になる。このためには多くのエネルギー投入が必要であり、1単位のエネルギーをタールサンドの抽出・精製に投入しても、わずか5単位のエネルギーしか生み出さず、エネルギー収支比がきわめて低い。ちなみに、在来型の油田で石油を汲み上げることによって産出されるエネルギーは16単位を超えるのである。

一方、米国ではシェール石油のブームが起きた。石油メジャーではない小規模の独立系石油会社が主導して、水圧破砕法により米国の石油生産量は二〇〇八年の日量700万バレルから二〇一三年には日量1000万バレルを超えるまでに増大した。しかし、鉱床は広く散在しているため抗井を数多く掘らなければならず、急速に枯渇が進み在来型の油井やガス井よりかなり早く枯渇する。これも他のブームの例にもれず、いつしか衰退することになろう。

石油の消費も、中国、インド、インドネシア、ブラジルなど新興国は増加しているが、アメリカ、ドイツ、日本など先進国では石油消費は二十一世紀に入って減少しつつある。石油の大半は輸送用手段、特に乗用車とトラックの動力源に使われているが、乗用車のエンジンが内燃エンジンから電気モーターに切り替わりつつあり、若者が電子通信手段により仮想空間でコミュニケーションをとれるようになったことから、車の運転に魅力を感じなくなったとも考えられる。

また、近距離通勤やコミュニティでの移動には自転車が多く使われるようになり、健康的にもライフスタイルからもクールだと考えられている。一番自転車の普及しているのは、通勤に40%の人々が自転車を使うデンマーク・コペンハーゲンであろうか。車道・バイクレーン・歩道がきちんと整備されている。オランダもバイク人口が多い。

先進国での自動車の保有率は依然として高いものの、最近は減少状態に入っている。米国では千人につき七百八十台の保有率であるが、イタリアでは六百八十台、ドイツと日本は五百九十台、フランスが五百八十台、これに英国、スペイン、ポーランドが続いている。この対極にあるのが、保有率が激増しているインド、ブラジル、中国である。

いずれも中流階級の拡大に伴って車の所有台数は増大しつつある。ブラジルは千人につき二百十台、インドは十八台、中国は七十台であるが、もし中国が米国並みに「四人につき三台」の自動車を持つようになれば、保有台数は十億台になり、これは現在の世界の自動車の数とほぼ同じであることから、中国での一家に一台の車をもつ夢は、大気の汚染と渋滞とで悪夢となるであろう。たとえ電気自動車になったとしても、渋滞は避けられない。私が二〇一七年夏の学会で中国・北京を訪れたときにも、かなり前から車のナンバープレートの種類により市内に入ることのできる車を制限しているとのことであった。

また、考えておかねばならないことは、化石燃料利用に付随する危険性である。

私たちはこれまでの経験から、化石燃料利用における防災には長い年月と経費をかけて研究してきたが、爆発は燃えてガス膨張が急激に生じることであることが分かった。原油や天然ガスは生産地が偏在していることから、需要地まで長距離をパイプラインによって輸送することが多い。送っている間は心配は少ないが、故障などで輸送を止めて、パイプの中に空気が入り込んでいる時が危険なのである。かつて旧ソ連において、パイプの中を伝わる火炎が、デトネーションと呼ばれる爆発的な燃焼に遷移し、パイプラインを破りながら毎秒1500〜2000メートルもの速さで進行してしまったことがある。長い管状の中を燃料などの可燃物を流す場合には格段の注意が必要である。

また、石炭の場合にも、炭鉱内にはメタンガスや微粉炭が充満しやすいことから、これまでも大きな事故が発生した例が多い。メタンガスは地中から発生するものと、微粉炭自身から発生するものがある。微粉炭だけでは火花を飛ばしても着火しにくく、爆発も生じにくいが、微粉炭の粒径が小さければメタンガス発生量も多く燃えやすくなる。したがって、炭鉱では常にメタンガスの濃度に注意を払っている。炭鉱内では崩落の危険性が多く、これによって多くの犠牲者が出たことはよく知られている。

なお、意外なことに炭塵以外の粉塵による爆発事故も意外に多く、十八世紀中頃に、風車による小麦やとうもろこしなど穀物の製粉が大規模に行われるようになり、頻繁に爆発事故があったと記録されている。アメリカおよびカナダにおいて、二十世紀前半五十年に七百件以上の粉塵爆発があり、人命も多く失われているほどである。

参考文献

1　レスター・ブラウン『大転換—新しいエネルギー経済のかたち—』岩波書店（2015）
2　新岡嵩『燃える—ろうそくからロケットの燃焼まで—』オーム社（1994）
3　樺山紘一、河野通方、平野敏右他『火の事典　火・熱・光—プロメテウスからロケットまで—』丸善株式会社（1999）

12　核の力

二〇一一年三月の東日本大震災に伴う、福島第一原発の事故を経験した日本人は、誰もが原子力発電をやめたいと願っている。ところが、どこの国もなかなかやめられない。なぜ原子力を手放せないのか、それは核分裂が発生する「巨大なエネルギー」にある。そのエネルギーがいかにすさまじいものかを実感したい。

核物質であるウランわずか1グラムが分裂したときに発生するエネルギーは、石油1トンを燃やした時のエネルギー、つまり石油や石炭など化石燃料の百万倍にも相当するのだ。一方、この巨大なエネルギーを兵器に利用すれば、桁違いに大きな破壊力を持つ爆弾となる。第二次大戦末期の一九四五年八月、広島に落とされた原爆の爆発威力は通常のTNT火薬換算で15キロトン（キロトン＝1000トン）、長崎に落とされた原爆の爆発威力は21キロトンと推定されている。通常爆弾の化学爆発の規模に比べて、その威力はやはり百万倍ということになる。これが水素爆弾になるとさらにその一千倍のメガトンの威力を持つことになる。その爆発威力の大きさは想像もつかない。

この巨大なエネルギーを発見した時の科学者の興奮は、いかに衝撃的であったか想像もできない。これで人類のエネルギー問題はすべて解決できると考えた科学者と、当時の国際環境を考えると、このエネルギーが兵器に使われたら人類は滅びてしまうと戦慄した科学者も多かったはずである。

そして、不幸なことに核エネルギーの開発は米国の核兵器の開発「マンハッタン計画」から始まっているのだ。一九四五年七月十六日にニューメキシコ州の砂漠で人類初の核実験「トリニティ」が行われた。そのリーダーであったロバート・オッペンハイマーは、この核実験を目撃して「われは〝死神〟、世界の破壊者になったのだ」と苦悩の言葉を発している。この実験が「トリニティ＝三位一体」（聖書の神を表現する神学用語）というのは、ひどすぎるブラックジョークだ。

このマンハッタン計画は、ナチス・ドイツが核兵器開発を進めているのを知って、アインシュタインが一九三九年八月に、米国ルーズベルト大統領に、米国も核兵器の開発をするべきであるという書簡を送って始まったものである。ドイツはすでに戦いに敗れていたことから、アメリカの計画は不要になったが、当時の費用で二十一億ドル以上もの巨費を投じていたので、核エネルギーの兵器としての成果を確認するために、急いで翌月に広島と長崎に原子爆弾として落とし、その威力と影響を確認したのである。日本人は「死神」核エネルギー兵器の巨大・醜悪な人体実験の被験者にさせられたのだ。

一九四九年に日本人初のノーベル賞を受賞した湯川博士は、一九五三年にプリンストン大学高等科学研究所でアインシュタインと面会するが、古くからの平和運動家で、一九二二年の訪日以来、大の親日家になっていたアインシュタインは、マンハッタン計画には関与していなかったが、涙を流してヒロシマ、ナガサキの原爆投下について詫びたという。

一方、一九五三年に、国連総会で「この人類の奇跡的発見は、『死』のためではなく、『生』のために使われるべきだ」と核エネルギーの平和利用を提言したのは、米国アイゼンハワー大統領であった。これ以降、日本や欧州を中心に原子力発電は世界的に普及していくことになったが、この強大なエネルギーが生成する副産物が、有害・有毒な核分裂生成物、「核のゴミ」と呼ばれる「放射性廃棄物」である。

そもそも「核」エネルギーとは

まず、核分裂反応に必要不可欠な原材料が、核分裂性の「ウラン」と「プルトニウム」であり、これらは核兵器にも原子力発電にも使われている。原子力発電は熱を発生させる仕組み以外は火力発電とほぼ同じである。石油や石炭あるいは天然ガスでボイラーを熱する代わりに、原子炉で発生した熱でボイラーの水を沸騰させて蒸気を発生させ、この蒸気でタービンを回すわけである。原子力発電の燃料のウランは、自然界に存在する最も質量の大きな元素である。天然ウランの中には、核分裂を起こしやすいウラン235と、核分裂を起こさないウラン234と238が含まれている。原子力発電に使うのは、核分裂を起こすウラン235であるが、ウラン235は天然ウランに約0・7％しか含まれておらず、残りの99・3％はウラン238と微量のウラン234である。そこで天然ウランを濃縮する必要があり、ウラン235の割合を3～5％に高めた「低濃縮ウラン」を作り、これを燃料として使用するわけである。

通常の核兵器で使われるのは濃縮度90%以上であるが、20%以上になると核兵器転用が可能であり、これを「高濃縮ウラン」と呼ぶ。これに対し、プルトニウムは天然には存在しない人工放射性元素であり、ウランの原子炉内で中性子照射等によって生成される。現在使用されている軽水炉の使用済み核燃料には約1%のプルトニウムが含まれており、プルトニウムは使用済み核燃料から「再処理」によって回収することができる。

日本と核エネルギーの出会いは、まさに悲劇で始まった。一九四五年八月六日には広島に人類初の原爆投下がなされ、八月九日には長崎に投下された。一瞬にして広島で十二万人余、長崎で七万人余の人々が亡くなり、その後も被爆の後遺症で亡くなった方は広島で四十万人、長崎で二十万人と推定され、今でも放射能の影響に苦しんでいる多くの被爆者が存在する。一方、アイゼンハワーの「平和のための原子力」演説の翌年、一九五四年には日本でも国策先行の原子力研究開発が始まっている。これに対して拙速な政府の対応に危機感を覚えた日本学術会議が「原子力の研究と利用に関し公開、民主、自主の原則を要求する声明」を発表し、この「自主・民主・公開」の三原則は、一九五五年成立の原子力基本法に組み込まれた。一九五六年三月には日本にも総理府に「原子力産業会議」が設立され、その後日本の原子力政策の司令塔の役割を果たすことになるが、ここでも初めから残念な事件が起きた。初代委員長の当時科学技術庁長官であった正力松太郎の「海外からの技術導入」により早期実用化を目指す方針に対して、「自主・民主・公開」の原則に基づいて自主技術開発を訴える委員、ノーベル賞学者の湯川秀樹博士が対立し、湯川委員は僅か一年後に辞任している。

こうして、国策主導の正力路線にしたがって、まず米国から動力試験炉を導入し、一九六六年には英国からの黒鉛ガス炉を東海第一発電所に導入して運転が開始されている。このような動きの中で、各電力会社も米国が開発した軽水炉の導入が始まり、その第一号機が一九七〇年三月に運転を開始した関西電力美浜発電所であった。発電した電力は同年三月十五日から始まった大阪万博にも供給されたことを、大学院生だった私も記憶している。これに一年遅れて、東京電力が福島県大熊町で福島第一原子力発電所の運転を開始したが、この福島第一原発が二〇一一年三月十一日の大震災で炉心溶融や水素爆発事故を起こし、日本の原子力開発に大きな転機をもたらしたのである。

「世界原子力産業現状報告」には、「世界で稼働中の原子炉の数は、二〇〇二年の四百三十八基でピークに達した」と記されている。二〇一四年七月には、稼働中の原子炉の数は三十一か国で合計三百八十八基に減少した。減少分の大半は二〇一一年の福島での原発事故後に日本で原発の稼働が大規模に停止されたことによるものである。世界に残っている原子炉のうち、ちょうど百基は米国、次がフランスの五十八基、次いでロシアの三十三基で、韓国、中国、インド、カナダがそれぞれ二十基前後である。その他の上位十か国には英国、ウクライナ、スウェーデンが名を連ねる。

人類は核の力を管理できるのか

このままなし崩し的に再稼動を行えば、原子力と社会の関係は「信頼欠如」のまま迷走を続けることになる。脱原発にしても原発推進にしても、最大の課題は「核のゴミ」問題である。現時点では、フィンランドとスウェーデン以外に原発のゴミ処分場が決まっている国はない。放射性物質は放射能が時間とともに減衰するが、高レベル廃棄物が天然ウランと同程度の放射能レベルまで減衰するのに十万年以上かかるとされる。誰が考えても、何十万年も責任をもって管理するのは不可能であることは自明である。また、宇宙処分や海底処分など、人間の住む環境から隔離してしまう方法も考えられ、日本は一九五〇年代から六〇年代にかけて、低レベル放射性廃棄物を太平洋に投棄して太平洋の島々の住民の猛反対や国際世論の反発で中止したが、なんという倫理観のなさであろうか。万一の宇宙事故や海底での汚染事故は、取り返しのつかない環境汚染リスクをはらんでいる。現時点では、安定した地中深い場所での地層処分が最もリスクが少ないとされているが、この地震国日本のどこにそんな場所があるのか。

自分さえ、日本さえ良ければと、不都合なことには目をつむり、面倒なことは先送りを続けることは、次世代の子孫に巨大な負債をいやというほど負わせ続けることになる。原発は一九七〇年代初期の導入当初から「トイレなきマンション」と言われてきたが、いまだに解決されないどころか、一九九七年に完成予定だった青森県六ケ所村の再処理工場は、これまでなんと二十四回目の完成延期でいまだに建設中であり、総事業費は十六兆円にも上っている。

福島原発事故を教訓に脱原発を選択する国が相次ぐ中で、肝心の事故を引き起こした当事国の日本が原発に固執している。しかし、その内実は出口の見えない福島第一原発の廃炉や汚染水問題をはじめ、急増する甲状腺がんや被曝の問題、どこにも引き受け手がなく行き場を失う原発の使用済み燃料など核のゴミ問題、核燃料サイクルの破綻、ウェスチングハウスを買収し原子力発電を志向した東芝の破綻、二〇一八年以降の三菱重工のトルコへの原発設置撤退、日立の英国への原発設置撤退など、日本の原子力発電は行き場を失い混迷を深めるばかりである。なぜ、日本は問題を直視し、自ら変われないのか。政治の責任はもちろん、原子力村、御用メディア、原発立地自治体などが複雑に絡み合っているが、原子力や放射線をめぐる言論の混乱や倒錯は、いわゆる「知識人」の責任も大きい。高名な良心的と思われる評論家たちが、原発が福島事故以降ほぼゼロに近い状態でも特に問題がなかったという現実を無視して、「原発ゼロは現実的でない」と主張している。自然エネルギーの飛躍的な成長を無視して「自然に帰れ」は無理だと主張している。本物の知識人ならば、現実に立脚して思考し、自らの責任において現実と向き合って格闘すべきなのではないか。あの大震災と原発事故は、日本の歴史にとどまらず世界史的な出来事であった。にもかかわらず、こうした「知の巨人」と称される人たちの責任感に欠けた心ない論調には落胆させられることが多い。

唯一の被爆国として、核兵器のない世界を目指してリーダーシップをとると公言している日本政府であるが、一方で「核の傘」に依存する日本は、核兵器禁止条約交渉にも参加せず、今後も署名しないという。「平和利用に限定する」と表明しながら47トン（長崎型原爆約8000発分）ものプルトニウムを貯めこみ、さらに破綻してしまった核燃料サイクル政策を堅持する日本政府に対しては、世界の核軍縮・不拡散専門家、隣国の中国や韓国からの批判が高まっている。実現のめどの立たない再処理政策からいつまでたっても撤退せずプルトニウムをひたすら貯め続けていれば、日本が「潜在核兵器能力堅持」という目的で、核燃料サイクル政策を維持しているとみなされるからである。これに加えて国内にも、政府与党のみならず野党内にも核兵器待望論があることは残念である。その上、二〇一八年十月には米国トランプ大統領が、一九八七年に米ソ間で結んだ「中距離核戦力（ＩＮＦ）全廃条約」の破棄を一方的に宣言し、新たなミサイル開発を明言している。これはロシアばかりでなくＩＮＦ全廃条約に加わっていない中国のミサイル開発に懸念を抱いていることもあるが、まさに核の歯止めが利かなくなる恐れがある。こんなときこそ、唯一の被爆国として核兵器なき日本がリーダーシップをとるべきであろう。

日本政府は、二〇一八年七月に閣議決定された「第五次基本エネルギー計画」において、二〇三〇年における電力エネルギー構成について、再生可能エネルギーを22～24％、原子力発電を20～22％としている。二〇三〇年に22％という原発比率を達成するためには、三十基ほどの原発が運転されていなければならないことになるが、現実的には達成不可能である。二〇一一年三月十一日の福島第一原発事故以前に五十四基あった原発が、これまでに十五基の廃炉が決まっており、さらに福島第二原発の四基についても東電社長が廃炉を表明している。したがって、現時点で残っているのは三十五基である。さらに事故後に運転期間を四十年に定められたことから、二〇三〇年時点での運転期間四十年以下の原発は十九基しかない。現時点で再稼働未申請のものは、東電の柏崎刈羽の一～五号機も含めて十基あり、さらに技術的に問題ありとされている福島原発と同型の沸騰水型軽水炉（BWR）は、東北電力の女川一、三号機、浜岡五号機、北陸電力の志賀にもある。しかもこの直下には活断層があり、周辺自治体の同意も困難であることから再稼動は無理であろう。

このような動きの中で、かつては総理として原発推進政策をとってきた小泉純一郎氏が、きわめてインパクトのある本を出した。『原発ゼロやればできる』（文献7）である。結論は、「原発は安全・低コスト・クリーン」という経産省の主張は全部ウソ、というものである。概要、次のように論じている。

福島第一原発のあの事故の姿を見れば、誰だって原発はダメだと気づくでしょう。あの時、日本中の誰もが同じように思った。なのに、どうしてこうも早く忘れてしまうのか。

では、なぜ経産省が原発を推進したがっているのか。それは経産省から電力会社へ天下りした人たちが、そこの幹部になっているからです。本来なら監督・監視するべき経産省が原発会社の虜になっているからです。

「原発ゼロ」は決して複雑なことではありません。総理が「原発を止める」という方針を決めさえすれば、後は専門家たちがきちんと道筋を整えてくれます。むしろ原発を維持していくことのほうがよほど複雑でしょう。費用にしても、安全対策にしても、維持するほうがよほど大変だということは、もう自明なことです。

しかも、現状では野党はすでに「原発ゼロ」に賛成なのですから、自民党さえ変われればいいのです。そもそも自民党だって一枚岩ではなく、総理がやると言っているからみんな黙っているだけで、総理が原発ゼロにしようと言えば、それに反対する人はいないでしょう。これほど大きなチャンスを活かさない総理は本当にもったいないことをしていると思います。「災いを転じて福となす」という諺があるように、ピンチをチャンスに変える大事業をできる立場にいるのに、それをやらないのは本当にもったいない。

このように、かつて分かりやすい演説で知られた小泉元総理らしく、きわめて明快に原発ゼロが簡単であること、自然エネルギーだけで日本の電力は賄えることを説いている。また、この本は原子力に関する問題点に関する分かりやすい解説がついていることもありがたい。

最後に、平和主義者であったアインシュタインは「私は生涯において一つの重大な過ちを犯しました。それはルーズベルト大統領に原子爆弾を作るように勧告した時です」と語り、また「もし私がヒロシマとナガサキのことを予見していたら、一九〇五年に発見した公式を破棄していただろう」とさえ述べている。

一九二二年の来日時に、アインシュタインの通訳として身の回りの世話をした稲垣守克はアインシュタインにたいへん信頼されていたが、一九四七年に「世界恒久平和研究所」から協力依頼の手紙を送ったところ、以下のメッセージが届いている。

「原爆のような大量破壊兵器の不幸を防ぐ道はただ一つ、これらの兵器を確実に管理し、従来の戦争勃発の原因となったようなあらゆる問題を解決する機関と法的権限を持つ世界政府を樹立することである。こういう広範な権限を持つ世界政府の樹立は、すべての国の民衆が次のことを十分に理解した時にのみ可能である。すなわち諸国民の伝統的思想と気持ちにこれほど適応した、そして安い道はないということを。こういう根本的変化を可能ならしめ、そしてこれを手遅れにならないうちに成し遂げるためには、すべての国で教育啓発事業を熱心に辛抱強く行う必要がある。」

稲垣はアインシュタインの後押しもあって、ジュネーブの「世界連邦政府のための世界運動」と連携し、日本に「世界連邦建設同盟」を設立した。理事長に稲垣、総裁に尾崎行雄、副総裁にキリスト教徒の賀川豊彦を据え、湯川秀樹博士もかかわっている。

参考文献

1 鈴木達治郎『核兵器と原発』講談社現代新書（2017）
2 飯田哲也『エネルギー進化論』筑摩書房（2011）
3 ロジャー・G・ニュートン（東辻千恵子訳）『エネルギーとは何か』講談社（2015）
4 村上陽一郎『移り行く社会に抗して』（青土社）
5 北澤宏一・栗林輝夫『原子力発電の根本問題と我々の選択』新教出版社（2013）
6 金子務『アインシュタイン・ショック』河出書房新社（1981）
7 小泉純一郎『原発ゼロやればできる』太田出版（2018）

13　神が与えた環境を生かすエネルギーの管理とは

ユダヤ人は「神を畏れる人が知恵を持つ」と考えているが、日本では、信仰は科学に反するもの、理性の敵だ、弱い人間の持つものだ、という考えが浸透している。この考え方が主流になっていることから、精神的な背景や歴史的背景を考えて発言しても、いつもぶつかるか無視されてしまうかである。政府の諮問委員会でも有識者会議でも、実はエネルギー問題の背後にある個人的な信念や精神的な運動にまで触れたいことがあっても、よほど勇気のある有識者でないと、政府の意向を忖度して何も言わなかったりすることになるわけである。自分が損か得かではなく、自分があるいは日本が損な立場であっても、それが地球の将来のために良いことであればやらなければならない。そこまで立ち入ろうとすると、当然その人の人生観が大きくものを言うことになるし、その背後には、信仰の領域が控えている場合が多い。しかし、政府は政教分離の原則から、政策や答申では一切触れないことになり、上澄みのところだけ、特に経済面の話のみに終始することになる。日本人の多くは、往々にして神を本当には畏れていないから、本物の知恵を持てないのである。

存亡の危機に瀕する現代文明

環境問題に長い間取り組んできた研究者たちの指摘によると、この数十年間に発生した環境問題が今後も続けば、まもなく世界的に大きな危機が訪れるという。森林の縮小、砂漠化の拡大、漁業の崩壊、地下水位の低下、土壌の浸食、大気中の二酸化炭素の上昇、気温上昇、氷山や氷河の溶出、生物種の絶滅など、世界の未来を蝕むさまざまの環境問題が顕在化している。現代文明は、いずれこれらの問題によって存亡の危機に瀕することになる。これは科学者なら誰しもが指摘することである。危機はすでに各地で起きているが、世界的には食料問題が一番切実である。土壌の侵食問題に対応できなかった古代文明の遺跡から、侵食は食料供給を不安定にし、マヤ文明などの古代文明は衰退したと推定される。現在では地下水位の低下と気温上昇が課題である。

地下水位の低下が及ぼす影響

地下水位の低下は、三大穀物生産国である米国、インド、中国を含む世界人口の半分以上を占める国々で発生している。米国ではグレートプレーンズ南部、カリフォルニアなど南西部全体で地下帯水層の枯渇により一九八〇年以来24％も縮小している。

筆者はＴＩＭＳ国際風水車学会の現地調査で、テキサス州の風車博物館を訪問し、その後、西部劇の映画によく出てくる揚水用多翼風車のポンプの修理の状況を見学した。掘り抜き井戸の深さが30～40メートルもあるのに驚いた記憶がある。日本の井戸は10メートル程度が多く、簡単な手押しポンプで水を汲み上げられるが、米国では強力なトルク（軸をねじる力）のある多翼風車でなければ揚水はできないのである。このタイプの風車は、米国では十九世紀初頭から累計六百五十万台以上も使われており、現在でも農場や牧場などでたくさん回っているのを見ることができる。

また、インドではディーゼル・ポンプや電動ポンプによる灌漑用井戸が２０００万か所以上あり、ほとんどの州で地下水位の低下が起きている。中国でも同様で、国土の北半分の地域で、すでに地下水位が低下している。中国の小麦の三分の一、トウモロコシの半分を生産する華北平原では、地下水位が年間1〜3メートルも低下しているのである。

灌漑用水の供給は多くの国で減りつつあるが、最も深刻なのはサウジアラビアで、この十五年間で灌漑面積と小麦の収穫が約60％も減少している。キリスト教徒にとっては、聖地巡礼などで、出エジプトをした指導者のモーセが十戒を授かったシナイ山に登ることが多いが、ここはエジプトのカイロから一日行程のバスの旅である。年間降水量は僅か２００ミリメートル程度であるから、ナツメヤシの林のあるオアシス以外は農作物とは無縁である。灌漑も貴重な水を効率よく使うために点滴灌漑という方法をとっている。

人類は六千年前から灌漑を行ってきたが、帯水層の枯渇は近年のことで、水の汲み上げに強力な電動ポンプやディーゼル・ポンプが使われるようになってからである。食料の需要を満たすための灌漑用水の汲み上げが過度に行われると、帯水層はいずれ枯渇し、食料生産も確実に減少することになる。世界の石油の枯渇については、よく取り上げられるが、石油には代替エネルギーがあるのに対し、水には代替がないのである。人類は何百万年もの間、石油なしで生きてきたが、水なしには数日以上生きられない。世界の穀物生産量は、過去十年以上消費量を下回り、世界の穀物備蓄は過去三十年で最低レベルまで下がっている。まさに危機的な状態なのである。

旧約聖書の時代のヨセフの事績（創世記42章）などに見られるように、降雨量の少ない中東地区では昔から旱魃による食料不足が慢性的に続いてきた。筆者がケニアのプロジェクトの折に乗ったカタール航空の機内誌に、アラブの王族が皆で雨乞いをしている写真が載っていたのが印象的であった。

世界の気温は毎年0・7度上昇

次に、よく話題になる気温の上昇であるが、近年の気温上昇は顕著で、二〇一八年夏には、国内では熊谷の41・1℃、海外では米国カリフォルニアの52℃という災害級の猛暑となった。農作物生態学者によると、栽培期に気温が1度上昇すると、稲の収穫量は10％低下するとのことで、小麦やトウモロコシなどにも同じ傾向が見られるという。地球の気温は着実に上昇しつつあり、IPCC気候変動に関する政府間パネルの予測では、今世紀中に1・4~5・8℃上昇するとされている。この気温上昇は農業の歴史が始まって以来のもので、地球の気候は予測できない領域に進みつつあるのだ。しかも、IPCCの予測は世界平均であるのに対し、気温は地上のほうが海上より上昇し、高緯度地域のほうが赤道地域よりも上昇し、大陸内部のほうが沿岸地域より上昇する。これを北米に当てはめると、気温上昇は米国とカナダのグレートプレーンズ、中西部のコーン・ベルト地帯、つまり世界の穀倉地帯を狙い撃ちするように起きることになる。さらに現在でも、局地的にはエチオピア、中央アジア、あるいはアフリカ南部では旱魃が続き、食料不足が深刻になり餓死者も数多く発生している。気温の上昇によって収穫が減少し食品が値上がりすることが明らかになれば、二酸化炭素排出の削減を求める消費者の声が高まるはずである。

具体例として、世界的にコーヒー人気が高まる中、気候変動の影響でコーヒー豆の生産に適した土地が二〇五〇年までに激減するという。コーヒーの生産地は、赤道を挟んで北緯25度~南緯25度の「コーヒーベルト」に集中しており、温暖で雨季と乾季がはっきりした気候が適している。昼夜の寒暖差が大きいほど美味しく育つとされ、農園は標高の高い場所に多い。二〇一七年度の生産量は世界で約９００万トン、二十年前に比べて一・五倍に増えた。最大はブラジル、二位はベトナム、三位はコロンビアである。私がＪＩＣＡ国際協力機構のプロジェクトで何回か訪問したケニアも、首都ナイロビが標高１６００メートル、エチオピアも首都アディスアベバが標高２４００メートルで、いずれも美味しいコーヒー豆を産出する。特に酸味と香りが強いアラビカ種が世界の生産量の六割を占めるが、この種は気温の変動や病虫害に弱いことから、現在は生産に適した土地が、二〇五〇年までに半分以上が生産に不適になるという。業界ではすでにこの「二〇五〇年問題」に対策を講じ始めている。米国のスターバックス・コーヒーは二〇一三年にコスタリカに自社農園を購入し、気候変動に対応可能な品種の改良に取り組んでいる。スイスのネスレも病害「さび病」に強い苗木の提供を始めており、二〇一六年までに約一億三千万本を配り、二〇二〇年までに二億二千万本を目指している。国内企業のキーコーヒーもインドネシアの自社農園で原産地の異なる四十二種類の苗木を育て、気候変動への耐性を持つ品種を見つけようとしている。

コーヒーは嗜好品であるから、価格の上昇や、最悪の場合には無くても済ますことができるが、私たちの主食となる米、小麦、トウモロコシなどの収穫量が激減したらどうなるであろうか。長期的に、冷静に、将来を展望して対策を立てることが必須である。

急成長する風力発電

近年、地球温暖化が顕在化し、それに伴って種々の問題が発生している。その原因が二酸化炭素の増大であるといわれることから、これを削減することが急務となっている。その方法には、省エネルギーと自然エネルギーの導入がある。原子力発電については、その安全性神話の虚構が明白になり、安全性を考えると経済性がなく、しかも使用済み燃料の引き受け先がないため、将来性はないといえる。

省エネについては、石油の消費の過半を占める自動車用燃料については、ガソリンやディーゼル・エンジンの燃料消費率が向上し、さらにエンジンそのものをハイブリッドや電動モーターに替える動きが活発化している。ただし、電気自動車の場合には電力の供給源である発電所が二酸化炭素を発生する石炭火力などでは意味がなく、これも二酸化炭素を発生しない自然エネルギーにすべきである。

まず、主要国の自然エネルギーによる発電比率を見ると、スペインの40％、ドイツの28％、英国の20％に対し、日本と米国は15％弱である。欧州諸国においては、この十年以上、石炭火力など化石燃料を使う発電所や原子力発電所は一基も造られておらず、新規電源の20％は風力発電である。ここでは導入量も多く、ポテンシャルも大きい風力発電の導入推移を見ていこう。

二〇一七年十月には、世界の風力発電の導入量は５００GW（原発約五百基分）を超え、二〇一八年末には５６０GWに達している。導入量の多い国は、中国、米国、ドイツ、スペイン、インドと続き、日本は３・４GWで二十位と先進諸国の中で最も低くなっている。特に、その国の電力に占める風力発電の比率については、デンマークが40％を筆頭に、十一か国が10％を超えている。これに対し、日本はわずか０・６％にすぎない。今後の風力発電は、設置場所が限られている陸上から、風が強く乱れも少ないうえに、騒音問題や景観問題からも心配のない洋上に出ていくことになる。二〇一八年末現在、世界の洋上風力発電は北海を中心に16GWに達しているが、陸上風力は二〇二〇年頃には頭打ちになり、洋上風力はその後、二〇四〇年頃まで導入量が拡大するものと予想されている。また、デンマークやオランダにおいては、洋上風力発電の発電コストも10円／kWhを切って、補助金不要という段階に到達している。

風力発電は部品点数が二万点弱であり、自動車の三万点より少ないが、部品や要素のサイズが大きいことから、工場においても設置現場においてもロボットでなく作業者が取り付いて組立作業をする労働集約的な産業であるため、大きな雇用を生み出している。さらに、運転・保守においても多数の専門的な要員を必要とする。

風力発電はエネルギー密度の低い、空気の流れを利用する発電装置であるため、大出力を得るためには風車ローターなどの規模が大きくなる。特に洋上風力発電の場合には、設置台数を減らして保守や修理の回数を減らすために、ますます大型化が望まれている。現時点では直径160メートル、7MW規模が上限となっているが、すでに米国のGE社では風車ローター直径200メートル、12MW機、デンマークのMHIVestas社やスペインのシーメンス・ガメサ社でも10MWクラスの超大型機の計画を発表している。

このように洋上風力発電の設置が活発に行われつつあるが、特に、欧州の浅海域の広い北海においては、水深40メートル以浅の着床式が技術的にも経済的にも実用段階に達し、深海域の浮体式が実証段階にある。排他的経済水域が世界六位の日本においても、着床式の設置が始まり、浮体式洋上風力発電の実証研究が福島沖や五島列島において行われている。

筆者も委員を務めるＮＥＤＯ新エネルギー産業技術総合開発機構の風力委員会の調査によれば、日本の洋上風力発電の可能性は、風速７ｍ／ｓ、離岸距離30キロメートル、水深２００メートルまでの洋上風力発電賦存量は約12億kW、水深50～２００メートルの範囲の賦存量は水深50メートルまでの賦存量の四倍以上となっている。さらに具体的な洋上風力発電の開発可能性については、着床式洋上風力発電の適応限界水深50メートルまでの賦存量は約２億１０００万kW、設置可能海域内の５％が利用可能と考えた場合には１０００万kWの設備容量となる。浮体式洋上風力発電が実用化されれば、水深２００メートルまで設置可能海域の賦存量は約12億kWとなり、４％が利用可能と考えた場合には４８００万kWの設備容量となる。このように、二〇一八年現在７GWの洋上風力発電を設置し、世界一の洋上風力発電国である海洋国の英国と同様に、日本にもこれだけ大きな可能性があることから、二〇三〇年の政府の設置目標10GW（陸上を含む）を遥かに超える高い目標を掲げ、そのための系統連系を可能にするべきである。

必要なのは想像力とリーダーシップ

気候が危機的な状況にあることが決定的になった場合、どのくらい迅速に世界経済、特にエネルギー経済を再構築できるか、レスター・ブラウンの以下の報告は示唆に富む。

第二次世界大戦の経済史を見ると、太平洋戦争勃発のわずか一か月後、一九四二年一月六日のルーズベルト大統領による一般教書演説では、米国が達成すべき武器製造の目標を掲げ、4万5000両の戦車、6万機の航空機、2万門の大砲、600万トンの船舶を製造すると発表している。大西洋と太平洋のかなたで繰り広げられている二つの戦争で戦うというロジスティックな難問に直面して、米国は大量の船舶を至急に必要としていたのである。このような軍備増強計画は前代未聞で、その規模も想像を絶するものであった。

しかし、ルーズベルト大統領と彼の側近たちの念頭には、当時世界最大の工業力を有していた米国の自動車産業があった。一九三〇年代の大恐慌の時でさえ、米国では年間200万～300万台の自動車が製造されていたのである。そこでルーズベルト大統領は、一般教書で武器製造の目標を示した後に、自動車産業界のトップを呼び集め、「自動車産業は米国の産業力の中核だ。武器製造の目標を達成するため、政府は自動車産業に大きく依存していく」と述べた。それに対して彼らは「できるだけのことはやってみますが、これだけの武器と自動車をすべて製造するのは非常に難しいでしょう」と答えた。それに対するルーズベルトの答えは、「君たちは分かっていないな。政府は国内で自家用車の販売を禁止するのだ」というものであった。これはそのとおりに実施され、一九四二年四月初めから一九四四年末までの約三年間、米国では事実上一台の自動車も造られなかったのである。数年を要せずして、自動車産業全体が武器製造業に転換したのである。クライスラー社は僅か数か月で自動車製造から戦車製造に切り替わっている。

われわれは、変えなければいけないことが多すぎるということを、一九九七年の京都議定書の目標が達成できない言い訳にしてきたし、二〇一五年のパリ協定の目標達成にも後ろ向きで、しかも日本では石炭火力発電所を三十三基も新設するということで、世界の軽蔑と嘲笑の的となっているのだ。二酸化炭素の排出を一気に削減し、気候の安定化に向かって進んでいくための技術はすでに存在する。今、必要なのは想像力とリーダーシップである。

政治的なリーダーについて、農耕民族の日本型支配は徳による支配で、民族全体の願望をいち早く、かつ的確に汲み取って率先垂範するのであるが、狩猟民族の欧米型支配は何よりまず力による支配であり、支配者はそれにふさわしい体力と知力を備えている。米国では32代大統領のフランクリン・ルーズベルトが、一九三三年から四五年四月に急逝するまで、米国史上唯一の四期当選を果たし、世界恐慌を打破したニューディール政策や第二次大戦で米国を勝利に導き、歴代屈指の人気を誇る。彼の急死を受けて副大統領から昇格したのがハリー・トルーマンであり、ポツダム宣言を主導し、日本への原爆投下を承認している。その後も、34代がNATO軍最高司令官を務めたドワイト・D・アイゼンハワー、35代がカトリック初の大統領となったジョン・F・ケネディーと、強力なリーダーが続くことになる。

ここで自然エネルギー導入に必要な財源については、もし、理想主義者のケネディーが陣頭指揮をとったとすれば、ＯＥＣＤ経済協力開発機構が一致して基金を拠出し、目の前に迫っている世界的な危機回避のために協力すべきと提案するであろう。ＯＥＣＤの三大目的は、経済成長、貿易自由化、途上国支援、ということになっているが、これは世界の持続可能な発展が続いていることが前提になっている。

彼の議会での演説は「地球環境が断末魔の悲鳴を上げている今、ＯＥＣＤの原点に戻るべきなのだ。第二次大戦直後の瀕死の状態の欧州が、ＯＥＣＤの前身であるＯＥＥＣ欧州経済協力機構を形成して、一九四七年に米国のマーシャルプラン西欧諸国復興支援計画を受け入れることによって救われたではないか。われわれは今、表面的な世界の経済発展の背後にある、深刻な環境問題に目を向けるべきなのだ」と。さらに「ここでＯＥＣＤが国連と共同して、各国の軍事目的の予算を半減し、残り半分は環境問題の解決と各国のコミュニティと協同して、貧困を撲滅し、世界に初等教育を普及し、村レベルでの基本的ヘルスケアを提供するために使用しようではないか」と発表したら、世界はどのように変化していくであろうか。おそらく、世界全体に希望を取り戻すことができ、世界を変えることができるはずである。

世界のほとんどの国々にとって、食料安全保障はテロと比べものにならないほど重要である。現在、飢えと栄養失調に苦しんでいる十億人を超える人々にとっては、テロ対策より飢餓のほうが喫緊の重要な問題なのである。貧困や食料不足あるいは水不足がテロの要因の一つであるとすれば、一見迂遠に見えても地下水位の低下や地球の気温上昇のような、地球の将来を蝕む環境問題に対し目を向けて、積極的に自然エネルギーを導入することが不可欠である。また、一八六四年にデンマークがプロシャとの戦争に敗れて南の豊かな二州を割譲させられ、人口も二百五十万人から百八十万人に激減した絶望の果てから、僅か百五十年後の現在、世界一の高福祉国、自然エネルギー王国を築いたように、環境の破壊が取り返しのつかないところまで進まないうちに目を覚ますべきなのである。

参考文献

1　レスター・ブラウン他『地球環境～危機からの脱出～』株式会社ウェッジ（2005）
2　牛山泉『風と風車のはなし』成山堂出版（2008）
3　内村鑑三『デンマルク国の話』岩波書店、（1947）

14　変動するエネルギー源を蓄えて使う

自然エネルギーの中でも、地熱や水力あるいはバイオマスなどは気象条件などに左右されない安定したエネルギー源といえるが、風力や太陽光は変動するエネルギー源であることから、これらの電気出力を供給安定のためには貯蔵して使う必要がある。太陽光は夜間や曇天のときには使えないし、風は間欠的に吹くことから、無風期間に対応するためには貯蔵が必要になる。

歴史的には電気を貯蔵する手段としては、まず電池という電気化学的方法がとられたが、容量が小さくコストが高いため利用は限定されていた。また、一部の地域では地形の特徴を生かして、電力需要の少ない夜間にポンプで水を高地の貯水池に汲み上げ、電力需要のピーク時に、その水を落としてタービンを回して発電する。そのほかに、フライホイールの利用や、地下の洞窟に圧縮空気を貯蔵する方法なども ある。現在のエネルギー貯蔵の方法には以下のものがある。

①化学的貯蔵……水素、液体窒素、過酸化水素など
②電気化学的貯蔵……レドックス・フロー電池、ナトリウム・硫黄電池
③電気的貯蔵……電気二重層コンデンサー、超電導磁気エネルギー貯蔵（SMES）
④力学的貯蔵……圧縮空気エネルギー貯蔵（CAES）、フライホイール貯蔵、アキュムレータ、揚水発電
⑤熱的貯蔵……氷貯蔵、ソーラーポンド、蒸気アキュムレーター

これらのうち、水素は一次エネルギーではないが、自然エネルギーを使って製造し、二酸化炭素を発生しない究極のクリーン燃料として、エネルギー輸送手段として、また電力貯蔵媒体としても使われる。欧州では、大量の水素を地下の岩塩抗や枯渇した油田などに貯蔵している例もある。ノルウェーやデンマークでは風力発電と水素発生装置を組み合わ

せた実証試験も行われている。

電力需要の少ない夜間に余った電気で水を汲み上げ、電力需要の多い昼間に山から水を落として発電するのが揚水発電である。このシステムは原子力発電所が発電量を頻繁に調整することができないことから、常時一定の電力を発生しているため、揚水発電所とセットになっている。

また、九州電力の管内では二〇一八年に入って、太陽光発電の普及で余った電力を消化するために、昼間の汲み上げが大きく増加している。

九州には、最大の出力120万kW（原発約一基分）を有する、次頁の図9に示すような、宮崎県木城町の山間部にある小丸川《おまるがわ》発電所を含め、合計三か所の揚水発電所がある。従来は昼間の電力不足を補うために使われてきたが、二〇一四年頃から昼間の汲み上げ回数が急増し、一六年度には七割近くを占めるに至った。これは太陽光発電の急速な普及によるもので、日照時間が長い九州地区では、政府の固定価格買い取り制度の後押しもあって、二〇一三年頃から太陽光発電の設置が急増し、二〇一八年の五月のピーク時には需要の七割を賄うまでになった。しかし、太陽光発電は昼間しか発電できないうえに、出力の

図９

揚水発電のしくみ

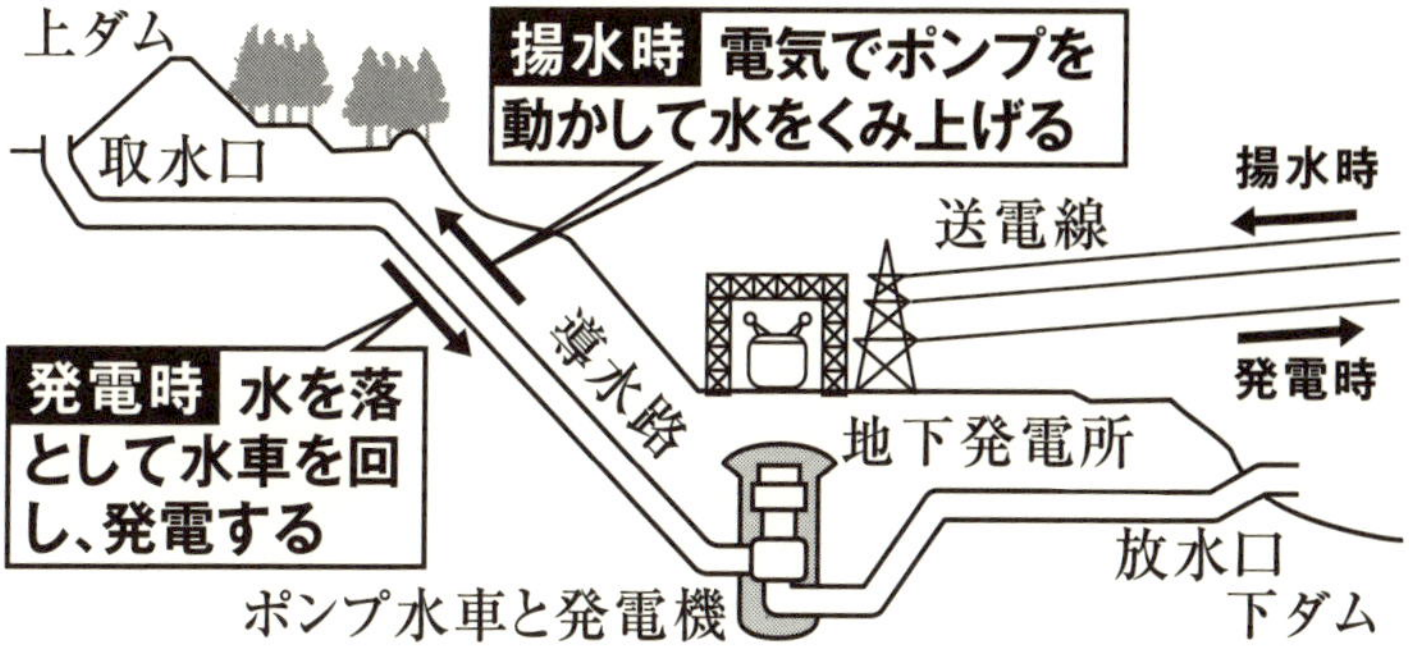

（出典）朝日新聞

コントロールもお天気まかせである。その余った電力を揚水発電所が受け入れることになったわけである。それでも電力が余ってしまう場合には、九州電力が太陽光発電事業者に送電の停止を求める「出力制御」が避けられなくなる。

圧縮空気と空気タービンを用いる圧縮空気エネルギー貯蔵ＣＡＥＳは、今後、日本でも山間地域などで有望である。このシステムは揚水発電と似た力学的蓄電システムであり、ＣＡＥＳでは水ではなく、圧縮空気を発電のために貯めておくのである。ＣＡＥＳでは、まず電力エネルギーを使って圧縮空気を作る。この圧縮空気を鋼製タン

図 10

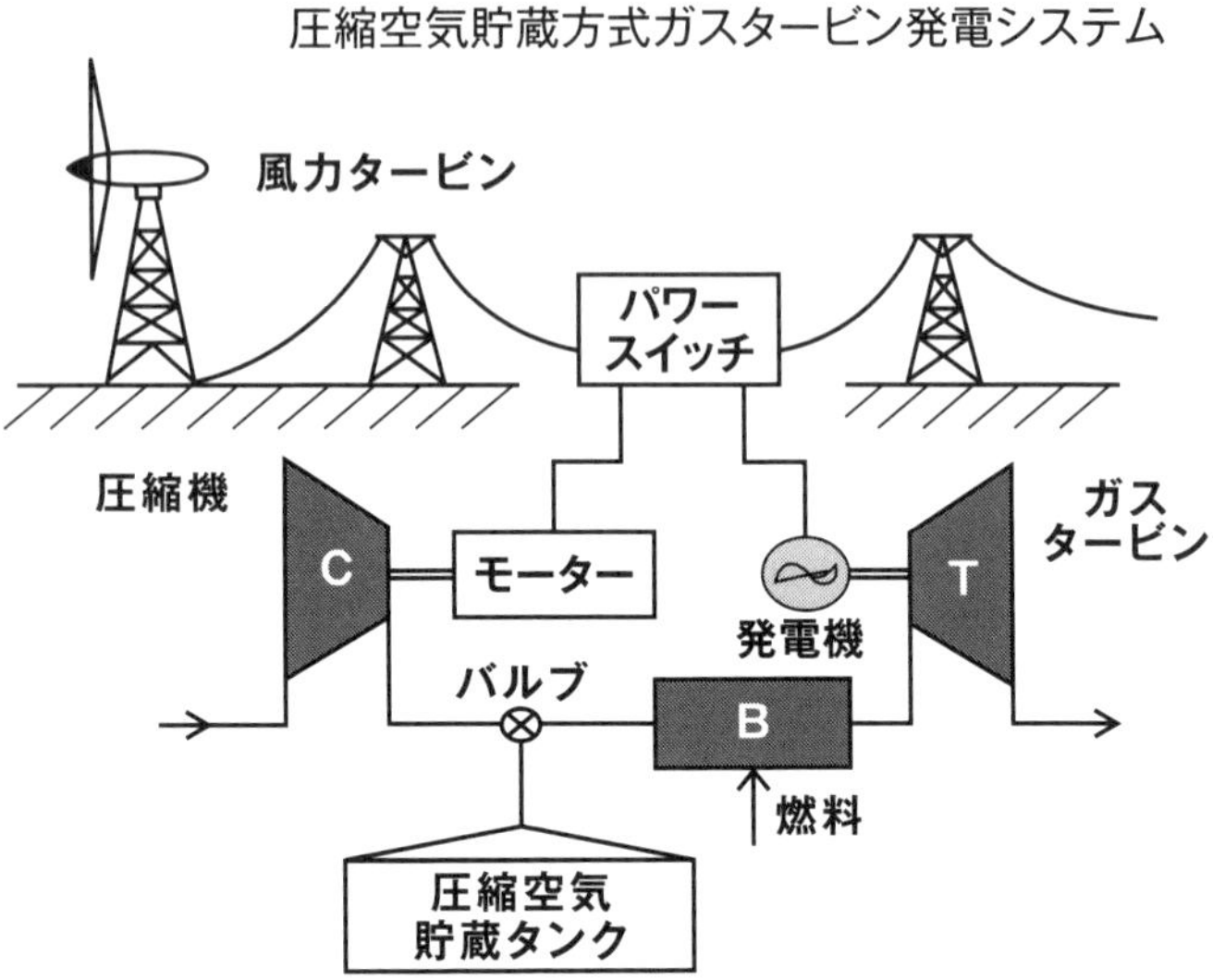

圧縮空気貯蔵方式ガスタービン発電システム

（出典）牛山 文献 11-1

クに詰め込んで貯える。電力が必要な時にタンクから圧縮空気を放出し、空気タービンを回して発電するのである。この方式は、ガスタービンの圧縮空気用として、ドイツのフントオルフや米国・カリフォルニアのガスタービン発電所で実績がある。筆者は、図10に示すように、風力発電による電力で圧縮機を駆動して圧縮空気を貯蔵し、これでガスタービンを回して発電するシステムを提案したが、強風地であれば十分実用になることが判明した。

特に、ヨーロッパではドイツの音楽祭で有名なザルツブルグ（「塩の城」

の意）など、岩塩坑の跡が多い。これらは圧縮空気貯蔵用に使うことがあるが、加圧された空気が漏れないほどの稠密なものである。筆者はポーランドを訪ねた時に古都クラカウの近郊にあるヴィエリチカ岩塩坑を見学した。中世にはポーランド経済を支えてきた岩塩坑である。ここは３００メートルもの縦坑から横方向に坑道が蟻の巣のように四方八方に伸びており、全体で３００キロメートルにも及ぶという。これをみると圧縮空気が漏れないであろうことが実感できる。しかも地震が少ないので、中世の岩塩坑が今でも観光施設として残っているのだ。

さらに、風力発電では、出力の平準化や蓄積にバッテリーを使うのが一般的であるが、風力で発電をせずに、発熱させて、その熱を溶融塩のような熱媒体で蓄熱器に蓄え、この蓄熱器に蒸気タービンのボイラーの役割をさせ、これにより蒸気を発生させて蒸気タービンを回すことも考えられる。これは日本初の技術であるが、二〇一〇年代になって日本とドイツが共催で国際セミナーを開催している。ドイツではシーメンス社が高価な熱媒体を用いず、地中の砕石層に熱を蓄える方式を提案している。

以上、各種の蓄電により変動電力の安定化を図る方法を説明したが、さらに望まれるのは、スペインが行っているようなスマートグリッド的な制御システムを用いて風力や太陽光の不安定な出力の調整を行う方法である。スペインの電力需給調整は、複数のオペレーターにより制御されていたが、ＥＵの電力自由化政策や同国の自然エネルギー推進策の中で一本化され、全国で一つのオペレーター（中央給電指令所）で制御されるようになった。また、関連する情報を収集して予測し、全体の需給調整に利用する「再生可能エネルギー制御センター」を創設して、中央給電指令所の一角に設置している。このセンターは全国二十二ブロックに設置された風力発電監視所と連系して情報のやり取りをし、集められた情報と、コンピューターによる各地の風速予測を元に、一日前、半日前、数時間前の風力発電量から予測し、中央給電指令所を通じて、風力発電が常に最大限稼動するように、他の発電設備を調整する。

こうして、リアルタイムで風力発電の運転状況を監視し、制御することにより、安定した系統運用を実現しているのである。このようなＩＴ技術の社会実装は日本が得意とする分野であり、そのためには電力系統の会社間連系を進め、広域運用をする必要がある。

参考文献

1　Izumi Ushiyama, "Conversion and Utility of Wind Energy," *Theoretical and Applied Mechanics*, Vol.29, University of Tokyo Press.

2　岡崎徹「風力・蓄熱発電所の現状と展望」第19回風力エネルギー利用総合セミナー論文集（2018）

3　牛山泉『風力発電が世界を救う』日本経済新聞出版社（2012）

15　私たちは何処に行くのか、持続可能な社会を目指して

人間と動物との違いを特徴づける言葉に、ホモサピエンス、ホモファーブル、ホモルーデンス、ホモヴィアトール、さらにはホモロクエンスなどがある。人間は智慧があり、ものを造り、遊びごころがあり、旅をし、言語を操る、というような意味である。

その人間は十五万年前に地球に登場して以来、飢餓や病気のような生存を脅かす障害を克服してここまで到達したが、一万年前には食料獲得の手段として、古来の狩猟採集から農業が開始され、数千年前から文明が生まれている。

しかし、われわれが日常使っている技術は、歴史の上では比較的短期間に生まれたといえる。例えば、ガリレオの地動説は四百年前、ニュートンの万有引力の法則は三百五十年前、さらに二十世紀の百年間を見ても、一九〇三年にライト兄弟が初飛行、その後、第一次大戦があって欧州の空には飛行機が飛び回り、一九二七年にはリンドバーグが大西洋を

横断している。ライト兄弟からわずか四半世紀である。物質の質量とエネルギーの関係を表す公式をアインシュタインが導き出したのは一九〇五年、これを理論的根拠に原子爆弾が造られたのは四十年後、ここでも加速要因として第二次大戦があったのである。インターネットも軍事目的に使えるということで巨大な投資がなされて開発され、今やwwwブラウザを使えば、誰でも世界中のウェブサイトに蓄積された情報にアクセスすることができるようになった。この仕組みが作られたのは、つい最近の一九九二年のことである。このように世界を抜本的に変えるようなことが、これからも思わぬ形で現れるものと考えられる。

一九六〇年代、筆者の大学時代の卒業研究ではコンピューターがなく、大学院になってようやくコンピューターの恩恵にあずかるようになった。またプレゼンの方法も、学部時代は学会発表用の緑のマス目のついた模造紙に手書きで書いたが、大学院時代にはスライドが使えるようになり、同時並行でＯＨＰ（オーバーヘッド・プロジェクター）も用いられるようになった。そして現在は、パソコンでパワーポイントを用いている。かつて、国際会議の論文は指定用紙にタイプライターで打ち、図表は専用器具で描いて貼り付けたのである。これを学会事務局にエアメールで郵送し、何週間も受理の返事を待ったことが懐かしく思い出される。

現在はネットで世界がつながり、会議まで画像を見ながら行えるようになり、大学でも留学生とはテレビ電話で面接ができる。

世界の人口も一九四五年には二十三億人、一九六〇年には三十億人、そして二〇一七年には七十三億人と、増大を通り越して爆発的増加をしており、平均寿命も古代ローマ時代は二十五歳、それが一八〇〇年頃には米国も日本も四十～四十五歳、つまり一千八百年の歳月をかけて、ようやく十五年寿命が延びたことになる。今は平均寿命が八十歳を超えたが、寿命が倍になるのに百年しか経っていないわけである。すべてがこのようなスピードで変化しており、当然のことながら、われわれの生活や価値観に大きな変化が訪れているのである。

二〇一八年に日本国内では、熊谷で観測史上最高の41・1℃を記録し、かつてない規模の猛暑となった。また、大型台風の頻発、豪雨被害、さらには二〇一一年の東日本大震災に次ぐ規模の北海道胆振東部地震があった。これは国内ばかりでなく、米国カリフォルニア州では52℃、北極圏に位置するノルウェーで33・7℃という異常な高温を記録するなど、世界的にかつてない規模の猛暑や超大型台風、山林火災などが発生し、二〇一八年は人々から家や暮らし、最悪の場合にはいのちをも奪った異常気象の多さで記憶される年となった。特に欧州連合EUと日本は地球温暖化防止に対する行動の緊急性を十分に理解し、二〇一五年十二月、気候変動に関するパリ協定への関与を無条件で確認している。

ＥＵは気候変動との闘い、温室効果ガスの排出を二〇三〇年までに一九九〇年比で40％以上減らすという目標達成のために、ＥＵの法的枠組みを準備している。日本もCO_2排出量の世界ワースト5にあることから、ドイツやデンマークと同様に経済成長を遂げつつ温室効果ガスを削減する政策を進めなければならない。気候変動との闘いは、国だけでなく、地方レベルや都市間協力などあらゆる階層で取り組むべきなのである。

次頁の図11に主要国の自然エネルギー導入の現状と目標を示すが、日本では二〇三〇年に占める自然エネルギー比率は22～24％となっており、ドイツでは同年に50％以上、スペインや原発中心のフランスでも40％など、日本の目標値が著しく低いことが分かる。ＥＵでは、すでに二〇一〇年頃から原子力、石炭火力、石油火力の発電所は建設されてい

図11　主要国の自然エネルギー発電比率

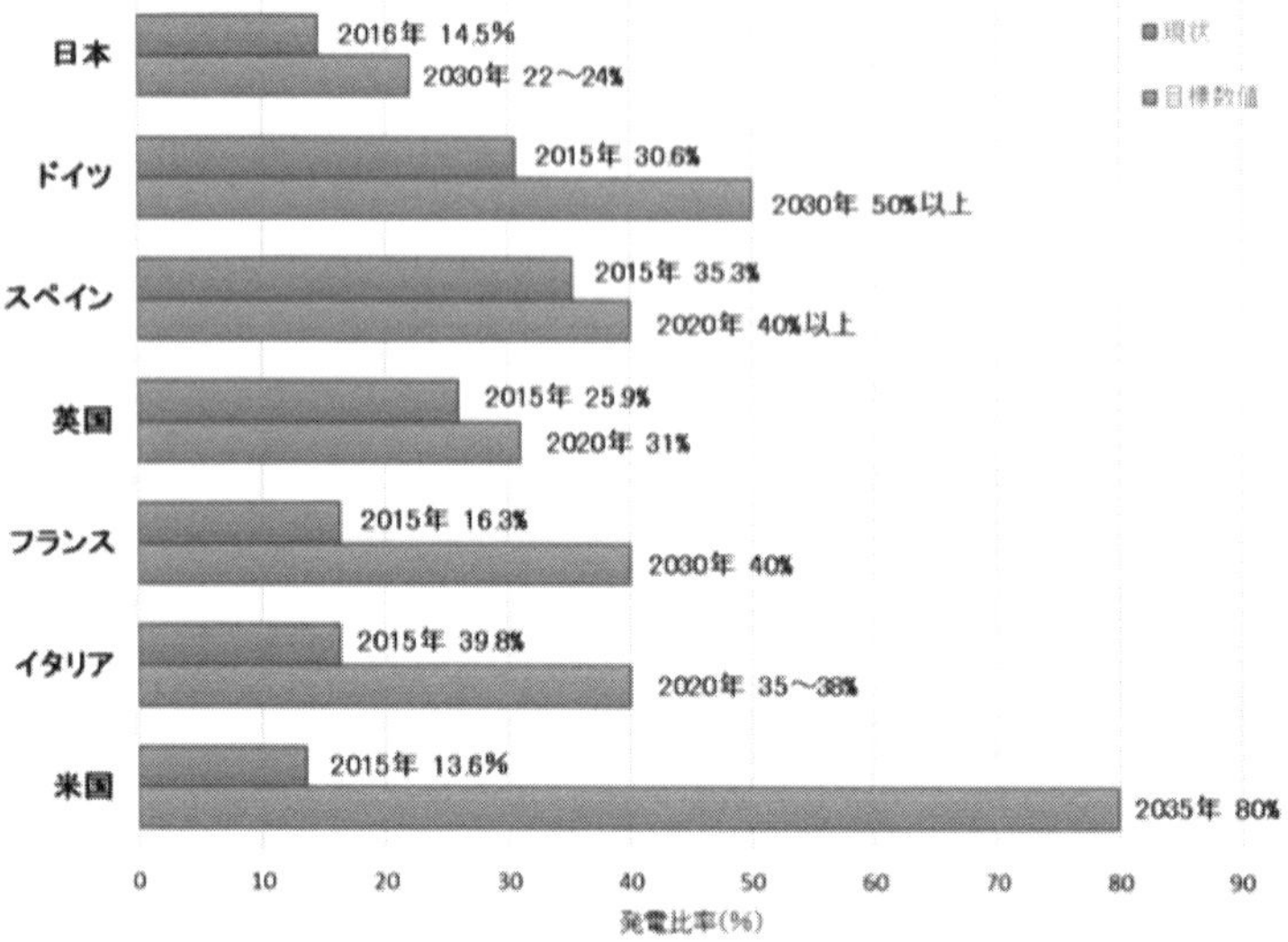

ない。近年では新規電源の20％が風力発電になっている。これに対して、日本は新たに石炭火力発電所を三十三基も設置することになっており、世界の動きと全く逆行しているのはきわめて残念である。当初は四十八基の計画であったが環境省の警告もあって三十三基になったのであるが、自然エネルギーの目覚ましい導入拡大を見ようとせず、目先の経済のみにとらわれて子孫に大きな負担を残すことになることに何の痛痒も感じない電力会社の姿勢には、日本人として恥ずかしい思いである。

以下に、デンマークの自治体における持続可能なコミュニティの取り組みの例を紹介しよう。

自然エネルギー100%を実現した島

デンマークは風力発電を初めて実用化した国であり、現在も電力需要の40%を風力発電で賄っている風力発電王国である。このほかにバイオマス利用も多く、自然エネルギー利用先進国としてよく知られている。筆者は、その中でも自然エネルギーだけで豊かな生活をしているコミュニティとして、デンマーク中央部にあるサムソ島を二〇一一年九月に訪問した。

まず、デンマークは人口五百五十万人ほどの小さな国であるが、一人当たりのGDPでは世界六位（日本は十六位）、英国レスター大学による、健康・富・教育をベースにした世界幸福マップではデンマークが世界一である（日本は九十位）。

さらに、デンマークのエネルギー政策で注目されるのは、一九七六年にEnergy Policy1976においてエネルギー源の分散を決め、一九八一年のEnergy Plan1981では燃料の輸入依存度低減を決め、さらに一九八五年には「原子力発電に依存しないエネルギー計画」を国会で決議したことである。その後、一九九〇年にはEnergy 2000を定め、風力、ソーラー、バイオマス、天然ガスなど、クリーンなエネルギー源の導入拡大を定めている。一九九六年にはEnergy21により、持続可能なエネルギー源のさらなる導入拡大を確認し、最後に二〇一一年にはEnergy Strategy2050において、二〇五〇年までに再生可能エネルギーの利用率を100%とすることを決めている。

私にとってたいへん印象的だったのは、福島原発事故の四か月前、東京北の丸公園の科学技術館で開催された毎年恒例の日本風力エネルギー学会の二〇一〇年度年次総会セミナーの時のことである。この年は駐日デンマーク大使に基調講演をお願いしたのであるが、そのタイトルが「二〇五〇年、デンマークは化石燃料を一切使いません」であった。風力発電に60%依存するということをよく覚えている。

では、このサムソ島がどのような経緯で自然エネルギー100%の島となったのであろうか。まず一九九七年に、当時の政府による「再生可能エネルギー・アイランド構想」に応募し、五つの島からの提案の中から唯一採択され、政府からの補助金約百億円を得て再生可能エネルギー導入・拡大のための組合を設立している。二〇〇〇年には陸上風車十一基を設置・稼動させ、再生可能エネルギーによる「電力100％」を達成。二〇〇二年には洋上風車十基を設置・稼動させ、電力需要400％に到達、この余剰電力を島内の運輸等他部門のエネルギーと相殺することにより、再生可能エネルギーによる「エネルギー自給率100％」を達成したのである。さらに二〇〇五年には、バイオマス・太陽熱による地域熱供給施設を導入し、熱供給による再生可能エネルギー利用率60％を達成している。見学して印象的だったのは麦わら専焼コジェネレーションシステムで、廃熱を地域暖房に使っているものであった。デンマークは地域暖房の普及率が世界一の国であるが、その技術的蓄積が生きているようであった。今後は、フェリーならびに自動車など運輸部門の再生可能エネルギー利用率向上により、化石燃料利用率ゼロを目指すことになっている。

この構想を支えているのは、島民のみならずデンマーク本土の人々、さらには外国人にもエネルギー啓発教育を行う、一九九八年に設立された「サムソ・エネルギー・アカデミー」である。セーレン・ハーマンセン所長は、「原子力は再生可能ではないし、地域自給でもない」と言う。この島のこと、ハーマンセン所長のことは、『風の島にようこそ』という絵本になっている。ヨルン・ニッセン市長から「日本でもぜひ、やってください」とのエールをいただいたことも忘れられない。

日本は自然エネルギーの宝庫

日本のエネルギー供給構造は、大規模・集中・独占型の体制の下に、原子力発電と大規模石炭火力発電を基軸に展開されてきた。これは一九六〇年代から一九七〇年代にかけての高度成長期に、鉄鋼などの素材産業や家電・自動車産業などにおいて、規模拡大と大量生産によるコスト削減で生産性を上げてきた時代には効果的であった。しかし、このシステムは重厚長大から軽薄短小へ、アナログ技術からデジタル技術へという時代の流れの中で、加工業における生産技術の変化には対応できなくなっているのが実情である。

そこで、日本経済の再生・活性化には、エネルギーシステムの転換を突破口に、まず、原発や大規模火力中心の大規模集中型システムから自然エネルギー中心の小規模分散型システムに転換すべきである。電力システムで使われてきた「ベースロード」という硬直化した考えを、スパコンとＩＣＴ（情報通信技術）を活用して、市場の多様な電力需要を瞬時に把握し、適時に適量の電力供給を可能にして柔軟で効率的なシステムに転換する分散型電力ネットワークを構築すべき時が来ているのである。これにより、変動性のある自然エネルギーの導入も、より効率的に行うことができるようになる。このような分散型電力ネットワークシステムであれば、二〇一八年九月に起きた北海道胆振東部地震でのブラックアウトのようなことも防げるわけである。

次に、最近は地方創生とか地方分権改革が叫ばれているが、これは旧来の帝国主義時代の植民地運営的な外来型開発に対する、内発型開発への転換の要望である。これまでの地域開発は、原発立地に見られるように、過疎地に大規模発電施設を建設し、立地市町村には一定の補助金を交付し、進出した企業で地元の雇用が生まれ、固定資産税も地元に還元されるというものであった。しかし、この方式では地域への還元が少ない上に、進出企業は本社の意向で廃止されることもあり、雇用と所得とが地域外の要因に左右される不安定性がある。これを内発型に転換するには、地域の既存事業を伸ばすことと、地域に必要なものは地域が主体となって創ることが肝要である。地域外の運営主体を誘致する場合にも、地域で生まれた利益は地域に還元することを基本とし、その利益を地域で循環させることを通じて新たなベンチャーにより雇用を生み出し、所得を分配する方式である。

これは国内ばかりでなく、筆者がＪＩＣＡ国際協力機構のプロジェクトで関わった開発途上国の技術支援でも、同様のことを体験してきた。従来は日本から必要な機材を持ち込んで設置する方式が多かったが、この方式では必要な技術が現地には根付かない。筆者らは「ケニアの無電化地域の再生可能エネルギーによる電化プロジェクト」を受託したが、適正技術というコンセプトに立脚して、できるだけ現地で入手可能な低コストの資材を利用し、現地の人々と一緒に設計製作から設置までを行い、保守点検も現地の人々ができるように人材育成まで行って、感謝された経験がある。

さて、日本のエネルギー需要は、高度成長期において、経済成長率が年率10％という未曾有の伸びを記録したことを背景に、年率12％というきわめて高い伸びで推移した。しかしながら、二度の石油危機を契機として、エネルギー利用の効率化が進んだこと、産業構造が変化してきたこと等を背景に、第二次石油危機の一九七八年度以降八六年度までの七年間は、エネルギー消費全体では年平均マイナス０・４％の伸び率であった。しかしながら、八七年度以降の内需主導型の好景気、さらには低水準で推移するエネルギー価格などを背景にエネルギー需要は増勢に転じている。

　これが日本のエネルギーと経済の推移状況であるが、本来は景気に左右されず、ドイツやデンマークのように、経済成長を維持しつつ、自然エネルギーの積極的導入により化石エネルギー消費を減少させ、二酸化炭素の排出も減らすという、トリプル・デカップリング（切り離し戦略）をすべきなのである。しかし、日本の場合には自然エネルギーの導入と省エネルギーが進まないため、経済の成長と、化石燃料の消費の増大とがカップリングしているのが現状である。

　わが国では、三～四年ごとに将来のエネルギー基本計画を見直しているが、現在の第五次エネルギー基本計画では、二〇三〇年には再生可能（自然）エネルギーを22～24％とし、「再生可能エネルギーを主力電源化」するというキーワードが盛り込まれたことは注目される。一方、原発の比率を20～22％としているが、これは「12　核の力」で述べているように、現実には実現不可能であり、それだけに自然エネルギーへの期待が高まる。では、日本にそれだけの自然エネルギー導入可能性があるのだろうか。

　2章でも述べたが、二〇一一年三月十一日の東日本大震災と福島第一原発の事故から一

図12　急伸長する世界の風力発電と太陽光発電、停滞する原子力発電

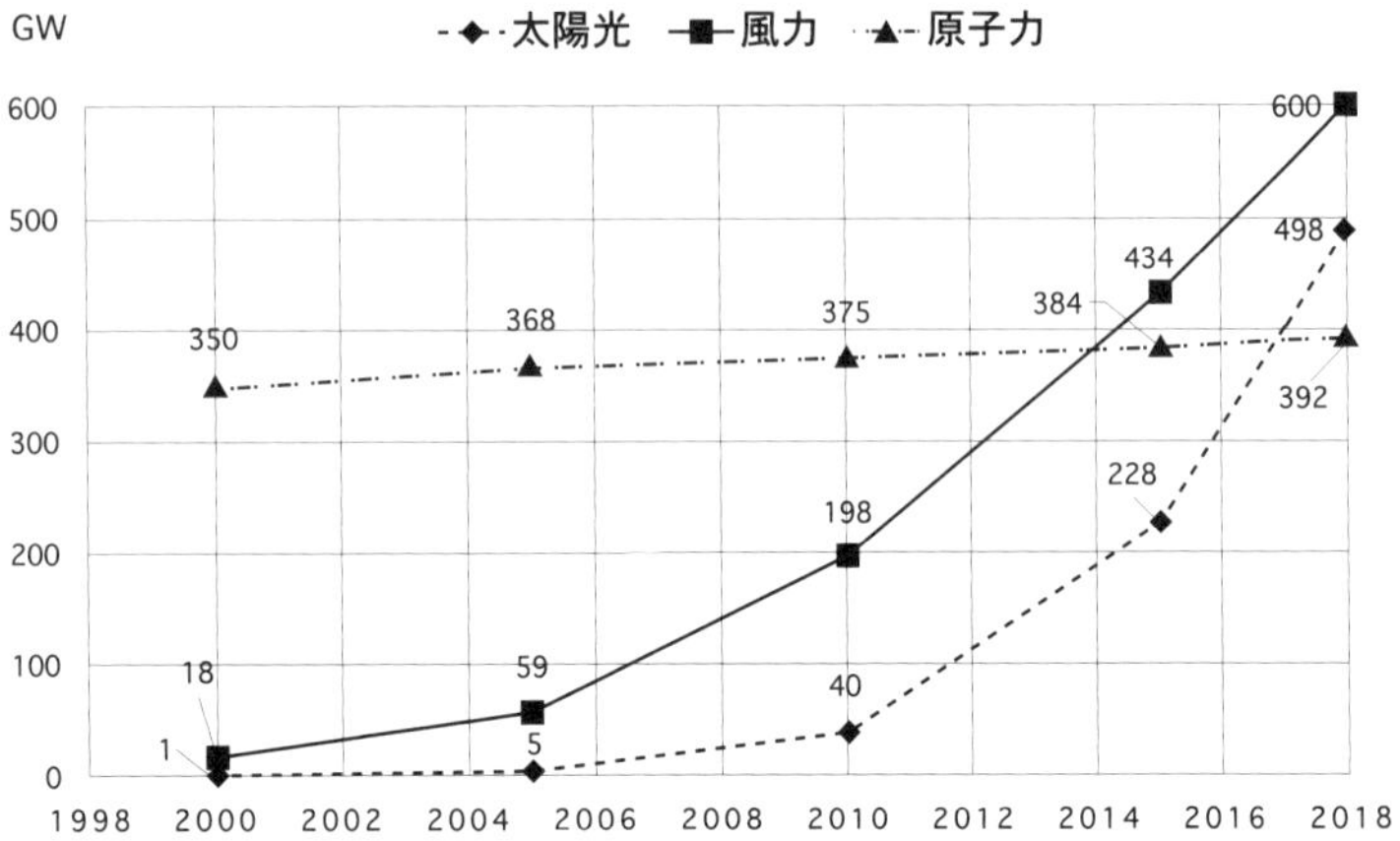

月後の四月に、環境省が日本における自然エネルギーのポテンシャルを発表している。それによれば、１００万kW単位で、太陽光１５０、風力（陸上）３００、風力（洋上）１６００、中小水力14、バイオマス38、地熱発電14となっており、合計２１１６×１００万kWとなる。東日本大震災直前まで、日本には五十四基の原発が存在し、その合計出力は４８２０万kWであった。つまり、日本の自然エネルギーには五十四基の原発の四十四倍ものポテンシャルがあることになる。この巨大なポテンシャルを活かして使えば、石炭火力発電所を建設せずに、脱原子力を進めつつ、地域創生と併せて日本再生が可能になるわけである。

内村鑑三が百十年前に『デンマルク国の話』の中で預言した、「外に向うのではなく、内なる無限を開発せよ」という言葉が現実になるのだ。

太平洋戦争直前、「今は大艦巨砲の時代ではなく、航空機の時代だ」という声に耳を貸さず、日本は戦艦大和と姉妹艦武蔵を国家予算の６％も費やして建造したが、全く役に立たずに沈んでいる。歴史を振り返ると、当時は造船・造艦ムラが海軍首脳部や高級官僚の天下り先であったことが分かる。「今は原子力・火力の時代ではなく、自然エネルギーの時代だ」というアナロジーである。

大和と武蔵は海底に沈んだが、原発は処理できない高レベル放射能を出し続ける炉心や圧力容器と使用済み放射性廃棄物を満載しているのである。前頁の図12からも分かるように、世界は風力発電や太陽光など再生可能エネルギーの導入が急増しているのだ。私たちがどの道を選ぶべきかは明白であろう。

アーミッシュのコミュニティに学ぶ――奪い合いから分かち合いへ

最後に確認しておきたいことは、私たちや未来の子どもたちが生きるために持続可能な社会をつくっていくということは、武器を捨て、食料もエネルギーも栽培するという姿勢である。食料の栽培には、土と水と空気を汚染から守り、またこれを害するものを除いていくことが必須である。そして互いに分け合い、支え合って生きることである（旧約聖書・イザヤ書58章6〜8節参照）。

そんな生き方をしているのが、米国のペンシルベニア州などに住む、アーミッシュと呼ばれるコミュニティの人たちである。電気も使わず、自動車も使わず、移動手段は馬車である。水は多翼式風車を使って深井戸から汲み上げており、麦は水車を使って製粉している。もちろん農薬も使わないから、文字どおりの無農薬健康食品である。兵役に就いて人を殺傷することなく、アメリカ人としての義務を果たしつつ、自分たちのコミュニティと周囲の人々のために生きているのだ。

日本でも、良寛に「欲なければ一切足り、求むるあらば万事窮す」（欲がなければ一切が満ち足りるが、求めたがると万事が行き詰まる）という言葉があるが、大切なのは、自分さえよければと奪い合い集めるのではなく、利他の精神で他の人のことを考えられるかであろう。亡き妻と良寛の五合庵を訪ねたことがあるが、こんな小さな庵で寒い冬も過ごしていたのかと驚いた。まして修行僧ならぬ身は「炊くほどは風がもて来る落ち葉かな」(落ち葉を集めようとあくせくすることなく、必要な分だけ風が運んでくれるものだ)という心境にはとてもなれなかったが、少なくとも、モノが豊かになれば幸福になれると思って頑張ってきた現代人は反省すべきであろう。

天台宗の開祖である伝教大師として知られる最澄も、「己を忘れて他を利するは、慈悲のきわみなり」と語り、自分を忘れて他者のために尽力することが慈悲の究極の姿であると教え、人に喜んでいただけることを最優先する。そこに平和やしあわせがある、と述べている。ガンジーも「地球はわれわれの必要を満たすことはできるが、欲望を満たすことはできない」と言っている。

作家の三浦綾子さんも『氷点』の中で、ジェラール・シャンドリーの言葉を引いて、「人が一生を終えたとき、あとに残るのは集めたものではなくて、与えたものである」と述べているが、洋の東西を問わず昔から、人間の本当の幸せは決してモノ、金では得られないことを賢人たちは知っていた。

上智大学の学生時代に、寮の舎監をされていた外国人の神父さんたちと話す機会が多かったが、印象に残っている修道院の話として、本来は「耕作」を表すラテン語のcultusが「神への敬い」の意味になり、さらにそこから「文化」を意味するculture（英語のカルチャー）が生じ、さらに、ラテン語でagricultura、というと「農耕」を意味するということをお聞きした。修道院は神への祈りと語らいの聖堂と、知的生活のための図書館と、耕作のセンターとなる農場、この三つが揃っていれば豊かな人間生活を送ることができるということであった。

東日本大震災で、私たちは「地の基が震える」（イザヤ書24章18節）という経験をした。その震災から半年後の二〇一一年九月十一日に、日本キリスト教協議会（ＮＣＣＪ）とカトリック中央協議会が共同で作成した「死者への追悼・被災者への慰め・被災地の再生を求める礼拝」式文は以下のものである。

神さま、私たちはあなたがお造りになった自然に対する謙虚さを欠いていたことを認めます。わたしたちは自然の大きさを軽んじ、自分たちの安楽さ、便利さだけを考えて生活を築いてきました。主よ、わたしたちは万物の造り主であるあなたの前にへりくだります。どうか目を上げて、現実をありのままに見る勇気と知恵をわたしたちにお与えください。あなたの真理に根ざして考え、自分たちの生き方を変えていくことができますよう、わたしたちを導いてください。どうか憐れんでください。

エネルギーは無限にあるものではない。私たちは「足るを知る」ことの大切さについて学ぶべき時なのである。

乏しいからこう言うのではありません。私は、どんな境遇にあっても満足することを学びました。私は、貧しくあることも知っており、富むことも知っています。満ち足りることにも飢えることにも、富むことにも乏しいことにも、ありとあらゆる境遇に対処する秘訣を心得ています。（新約聖書・ピリピ人への手紙4章11節～12節）

参考文献

1 牛山泉『風力発電の歴史』オーム社（2010）
2 アラン・ドラモンド（松村由利子訳）『風の島へようこそ』福音館（2012）
3 アラン・ドラモンド（松村由利子訳）『みどりの町をつくろう』福音館（2013）
4 武本俊彦「分散ネットワーク型へシステム転換せよ」週刊金曜日（2018.10.12）
5 北澤宏、栗林輝夫『原子力発電の根本問題と我々の選択』新教出版社（2013）

おわりに

二十一世紀の最重要な課題のひとつは環境問題とエネルギー問題である。本書は、自然エネルギーがこの課題についてどれだけの貢献ができるのかを述べてきた。これまで日本では、国のエネルギーはどこか別の世界で勝手に決められたものをあてがわれてきた、という感じがあった。

しかし、結局はわれわれ自身の問題であることを、二〇一一年三月十一日の福島原発の事故により、きわめて高い授業料を払って認識したのである。エネルギー問題は「どうなる」という予測ではなく、「どうする」という創造の立場に立たなければならないという、原点に立つことができたのである。

その場合には、いわゆる指導原理、つまり哲学が必要になる。これまでは先進国のエゴイズムが指導原理であったともいえるが、これからは「横の倫理」が必要になる。これは同時代の人々の間でのエネルギー利用の不公平をなくすもので、先進国の省エネルギーと開発途上国の適正エネルギー利用である。また、もうひとつ、世代間にわたる「縦の倫理」も必要になる。われわれ二十一世紀の人類が、有限な資源をあらかた消費してしまい、放射性廃棄物の山と、大気や海洋の汚染だけを後世に残すようなことがあってはならないのである。

冷静に歴史を振り返ってみると、人類はいずれの時代にも生産可能な分のエネルギーを手に入れ、それをすべて消費し続けてきたのだ。それでもエネルギー生産の少ないうちは、人間がエネルギーを管理してきたが、最近では人間がエネルギーに支配されているように思われる。その典型が原子力発電である。制御しきれないほど、大量のしかも強力なエネルギーを持つことは、かえって人間の不幸につながるのだ。

近代ヨーロッパの哲学は、キリスト教の聖書、特に創世記の自分たちに都合のよい誤った解釈から、自然を人間に対立するものとして捉え、自然を征服し支配してきた結果が現代の環境破壊につながったように思う。人類は今、岐路に立っている。このままの文明を続けて滅びの道に進むのか、あるいは別の道を切り拓くかである。これまでの自然征服という欧米流の哲学に対して、自然との調和、自然との共生を新しい人類文明の原理にしなければならない。これこそ東洋古来の文明であり、日本には世界を救うべき使命が与えられているのである。まして、「地のすべてのもの……を支配せよ」（創世記1章26～28節）という神の命令の真の意味が、地の良き管理をゆだねるものであることを知っているキリスト者はなおのことである。

二十世紀最大の価値倫理学者マックス・シェーラーは、物事の価値判断の際のキーワードとして、「満足感」と「持続性」を挙げているが、自然エネルギーはどうであろうか。特に風力発電が急成長している理由を考えれば、答えは自ずから明白であろう。①豊富である、②安価である、③無尽蔵である、④広範囲に分布している、⑤クリーンである、⑥再生可能である、これら六つの特性を備えたエネルギー源は風力以外に存在しないのである。風力は、私たちが「満足」できる「持続性」のあるエネルギー源なのである。

ここで簡単に筆者の歩みを記しておきたい。私が国立大学の受験に失敗して浪人していたとき、私の信州大学付属松本中学校、松本深志高校を通じての親友、岡野圭一君は高校時代からドイツ語クラスに在籍し、上智大学外国語学部ドイツ語学科に現役で入学して学んでいた。彼から「上智はいいぞ、今度、上智に理工学部ができるからぜひ来いよ！」と誘われた。訪ねてみると、東京の中心部にありながら、落ち着いた学問の館という雰囲気があり、すっかり気に入って受験し上智の理工学部一期生となった。なお、岡野君はケルン大学哲学博士でドイツ大使館や専修大学教授、治子夫人はボン大学哲学博士で広島大学教授や清泉女子大学学長も務められた。私は上智の機械工学科では、先生方にも級友にも、学内にあった寮の他学科の仲間たちにも恵まれ、楽しく充実した学生生活を送ることができた。

学部の卒業研究、さらには大学院で指導を受けたのが田中敬吉先生である。先生は東京帝国大学航空研究所の「航研機」が、昭和十三年に無着陸飛行の世界記録を樹立したときの原動機部長であった。敗戦直後に航空研究者はGHQにより公職追放となったが、昭和二十四年には新制の千葉工業大学の初代学長、航空研究が許可になると名古屋大学航空学科の再建、そして上智大学の初代理工学部長を務められたのである。大学院の博士課程のときには、ガスタービン研究の第一人者であった慶應義塾大学工学部の佐藤豪先生のゼミにも参加し、学位論文の副査もして頂いた。さらに東京工業大学の一色尚次先生（義子夫人は恵泉女学園理事長、牧師）との出会いと、公私にわたる種々のご指導も感謝すべきことであった。この三人は、いずれもキリスト教徒であり、また日本機械学会の会長を務められるという斯界の重鎮でもあられた。これらの出会いは偶然ではなく、神の摂理であったと感謝している。

田中先生は、足利工業大学設立時には顧問教授をしておられた縁で、私は足利工業大学（現足利大学）に職を得ることになった。また、私は一九七〇年代の二度の石油危機を契機に、ガスタービンから風力エネルギーなど再生可能エネルギーの研究にシフトし、一九七七年には私の研究室で日本風力エネルギー協会（現学会）を立ち上げた。これには短期滞在したアメリカMITガスタービン研究所長のD・ウィルソン教授との出会いも契機となっている。

なお、足利工業大学の大学院工学研究科設立時には、慶應義塾大学を退職後に金沢工業大学の学長を務めておられた佐藤先生には種々の助言をいただき、さらに学長就任時には、学長心得をご教示いただいた。日本で最初に組織的に風力エネルギー研究に取り組んだこともあり、フィレンツェでのＷＲＥＣ世界再生可能エネルギー会議ではパイオニア賞をいただいたり、妻と共に文部科学大臣賞を受けたことも懐かしい思い出である。現在、毎年六月末には本学で二百五十名ほどの参加者を迎えて、日本一の規模の風力エネルギーセミナーが開かれている。

本書の執筆に当たっては、これまで風力関連の学会や各種委員会でお世話になった方々に心からなる感謝を申し上げたい。また、執筆の機会を与えていただき、多忙を理由に遅れ気味であった原稿を待っていただいた、いのちのことば社の根田祥一氏には改めて感謝を申し上げたい。

最後に、私の属する復活のキリスト教団東京教会の皆様と顧問牧師の福澤満雄先生・圭子ご夫妻に、そして研究を趣味にしてマイペースで過ごしてきた私を長年支え続け、先に召天したマイネ・リーベ・フラウ冨士子に、心からなる感謝とともに本書を捧げたい。

二〇一九年七月

牛山　泉

牛山　泉（Izumi USHIYAMA）

1942年長野市生まれ。1971年上智大学大学院理工学研究科博士課程修了、工学博士。エネルギー変換工学を専門とし、主に風力発電など再生可能エネルギーの研究に従事。1971年より足利工業大学に勤務、1985年教授、2008年度より2期8年間学長。2018年より足利大学理事長、大学院特任教授。

現在、経済産業省(METI)および新エネルギー産業技術総合開発機構（NEDO）洋上風力発電委員長、新エネルギー財団（NEF）風力委員長、グリーン電力認証機構委員長、日本技術史教育学会会長、適正技術フォーラム共同代表などを務める。

日本機械学会フェロー、日本風力エネルギー学会創設者・元会長、日本太陽エネルギー学会元会長。再生可能エネルギー・風力発電関連論文160編以上、著書は単著共著合わせて25冊。受賞は、文部科学大臣賞、国際協力推進協会学術奨励賞、世界風力エネルギー会議栄誉賞、国際再生可能エネルギー会議パイオニア賞ならびに功労賞、アメリカ機械学会先進技術部門功労賞、など11件。

これまで160回を超える海外の風力発電など自然エネルギー関連の学会・会議の参加と調査活動を行い、JICA国際協力機構を通じての開発途上国支援など、国内外で自然エネルギーの研究開発や利用促進に尽力するとともに、国内のローカルエネルギー調査・環境教育・町おこしのアドバイザーも務めている。

自然エネルギーが地球を救う
「脱原発」への現実的シナリオ

2019年9月20日　発行

著　者　　牛山　泉
印刷製本　日本ハイコム株式会社
発　行　　いのちのことば社
〒164-0001 東京都中野区中野2-1-5
電話 03-5341-6922（編集）
03-5341-6920（営業）
FAX03-5341-6921
e-mail:support@wlpm.or.jp
http://www.wlpm.or.jp/

ISBN 978-4-264-04061-3